KB042738

단 하나의 습관으로 인생이 극적으로 바뀐다!

일러스트로 바로 이해하는 실천 트레이닝!

꾸준히 하는
습관의 기술

요시이 마사시 지음 | 서희경 옮김

소보LAB

'되고 싶은 나'에 가까워지려면
일단 '해보는 것'이 중요하다

이 책을 선택해 주셔서 감사합니다.

저는 습관 형성 컨설턴트로서 17년 동안 50,000명 이상의 기업 경영인, 개인사업자, 학생, 수험생을 대상으로 실천 트레이닝을 진행하고 있습니다.

여러 분야에서 성공과 행복을 모두 거머쥔 사람들과 교류하면서 몇 가지 공통점을 발견했습니다. 단지 그들이 특별했기 때문이 아닙니다. 누구나 조금만 더 자각하고 꾸준히 하면 자신의 능력이 향상되는 것은 물론이고, 주변 사람들도 변화시킬 수 있습니다.

우리는 모두 꿈을 이루기 위해 태어났음에도 불구하고, 때로는 인생에 대해 무력감을 느끼고, 착각에서 비롯된 부정적인 감정에 빠지곤 합니다. 이는 너무 안타까운 일입니다. 지금부터 저와 함께 두뇌 접근 방식을 개선하여, 부정적인 습관을 끊어내고 인생을 성공으로 이끄는 좋은 습관을 만들어 봅시다. 당신의 미래는 현재의 습관으로 결정됩니다. 이 말을 들으니 걱정되신다고요?

괜찮습니다. 《꾸준히 하는 습관의 기술》을 믿을 수 있는 동지이자 아군으로 삼고, 마음이 끌리는 한두 가지라도 일단 시도해 보면 됩니다.

- 의욕이 없는 것은 아니지만, 성공과는 거리가 멀다고 느낀다.
- 목표를 설정하고 도전을 시작하지만, 끝까지 완수하지 못한다.
- 운이 나빠서 인생이 잘 풀리지 않는다고 생각한다.

- 책을 사도, 완독하지 못한다.
- 끝까지 풀지 못한 문제집이나 교재가 많다.
- 세미나, 스터디 그룹에 참여할 때는 의욕이 높지만, 실천으로 구체화하지 못한다(혹은, 뭘 어떻게 해야 할지 모르겠다).
- 지시 대로, 매뉴얼 대로, 배운 대로 하는데, 성과가 나지 않는다.
- 목표가 정해지면, 의무감과 할당량의 무게 때문에 마음이 무겁다.
- 꿈은 있지만, 첫발을 내디딜 용기가 나지 않는다.

이런 고민을 한 번이라도 해봤다면, 이 책을 끝까지 읽어주세요.

'이 정도면 나도 할 수 있지!', '이렇게 쉽게 가능해?'라는 생각이 드는 일부터 실천에 옮겨 보는 것이 중요합니다.

누구나, 언제든지 변할 수 있습니다. 여러분은 계속 진화하고 있습니다.

두뇌라는 하드웨어는 사람마다 크게 다르지 않아요. 두뇌 하드웨어에서 '실패하는 습관 소프트웨어'를 제거하고, '성공하는 습관 소프트웨어'와 '자기실현 습관 소프트웨어'를 설치하는 것입니다.

인생의 경영자, 인생 주식회사의 대표이사로서 죽을 때까지 인생을 경영하는 주체는 자기 자신입니다. 인생을 얼마나 풍요롭게 할지는 가정이나 업무 현장에서 내가 하기 나름입니다. 나에게 달려있기에 스스로 자유롭게 할 수 있습니다.

인생을 더 나은 방향을 바꾸고, 나에게 이상적인 버전이 되기 위해 함께 노력해 봅시다!

패스워드는 '괜찮아, 나는 혼자가 아니니까!'입니다.

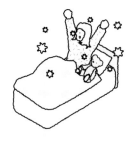

유한회사 심플태스크

대표이사 요시이 마사시

단 하나의 습관으로 인생이 극적으로 바뀐다!

일러스트로 바로 이해하는 실천 트레이닝!
꾸준히 하는 습관의 기술

Contents

Chapter 04

뇌 과학으로 이해하는
습관의 기술

Chapter 05

'좋은 습관'을 만들고
'나쁜 습관'을 끊는법

♥ Chapter 06

인생이 달라지는
습관의 기술

Chapter 07
일이 잘 풀리는
습관의 기술

Final Chapter
마음을 다스리는
습관의 기술

습관이 미래를 바꾼다!

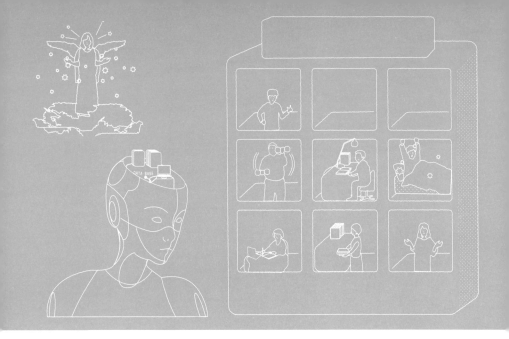

하루하루가 새로운 습관을
시작할 기회이다!
지금부터 새로운 습관을 쌓아 올려
미래의 나를 만들자!

현재의 나를 만든 것은 '습관'이다.
태어나서 지금까지 해온 모든 습관이 현재의 삶을 정의한다.
지금부터 의식적으로 습관을 바꾸면 미래는 극적으로 바뀐다.

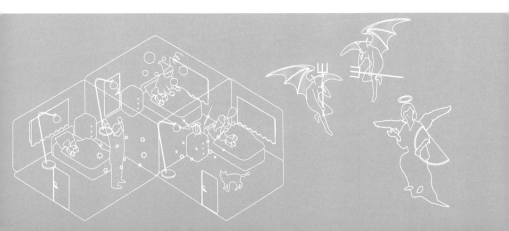

01 습관이 인생을 결정한다

과거의 말, 행동, 생각, 습관이 하나하나 모여 현재의 내가 만들어진
것이다.

현재의 나는 과거 습관들이 축적되어 만들어진 결과이다. 이 말을 듣고,
"사람마다 타고난 능력과 자질이 다르잖아. 습관이 무슨 상관이야?"라고
반문하는 사람도 있을 것이다. 모든 분야를 통틀어 뛰어난 성과를 낸 사람
들에게는 딱 한 가지 공통점이 있다. 바로 꾸준히 하는 습관이다. 궁극적
으로 어떤 일을 잘하느냐 못하느냐를 판가름하는 것은 만들어진 습관이지
타고난 능력이 아니다.

결국은 능력이 아닌 습관으로 판가름 난다

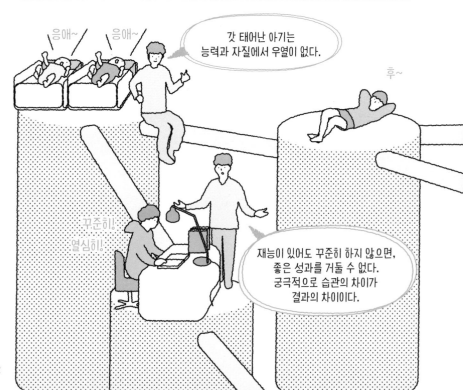

일찍 자고 일찍 일어나기, 운동, 독서, 금연·금주, 공부, 다이어트에 매번 실패하는 이유는 의지나 의욕이 부족하기 때문이 아니다. 타고난 능력이나 자질 때문은 더더욱 아니다. 그런데도 왜 뜻대로 되지 않는 것일까? 바로, 습관으로 정착시키는 방법을 모르기 때문이다. 인생은 어떤 습관을 가지고 있느냐에 따라 결정된다.

습관이 인생을 결정한다

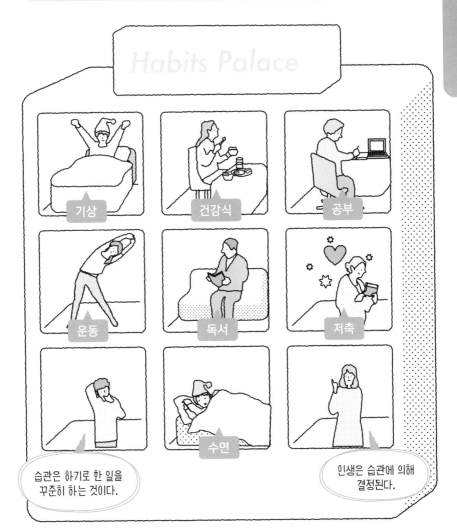

Habits Palace

기상　　건강식　　공부

운동　　독서　　저축

수면

습관은 하기로 한 일을 꾸준히 하는 것이다.

인생은 습관에 의해 결정된다.

02 언제든지 새로운 습관을 만들 수 있다

습관 형성에는 나이 제한이 없다.
누구나, 언제든지 새로운 습관을 시작할 수 있다.

습관의 좋은 점은 누구나 언제든지 시작할 수 있다는 것이다. '내가 되고 싶은 꿈'을 그리는 데는 나이 제한이 없다. 물론, 물리적으로 어려운 일도 있다. 예를 들어, 은퇴 후 프로 복싱 세계 챔피언이 되겠다는 결심은 달성하기 어렵다. 하지만 아마추어 연령별 세계 챔피언이 되겠다는 꿈은 실현될 수 있다. 누구에게나 매일 새롭게 시작할 수 있는 기회가 주어진다.

습관은 나이에 관계없이 습득할 수 있다

습관을 만드는 데 의욕이 필요할까? 그렇지 않다. 사실 그 누구도 의욕을 측정할 수는 없다. 의욕이 있고 없고는 내가 정하기 나름이다. 예를 들어, 어떤 사람의 100m 달리기 기록이 20초라고 치자. 자기 스스로 "나는 달리기를 못해." 혹은 "20초 만에 달렸어! 나는 달리기를 잘해!" 중 어떤 사고 습관을 지니고 있느냐에 따라 '잘한다 혹은 못한다'는 착각이 생긴다. 어차피 착각이라면, 자기 편의대로 "나는 의지가 강한 사람이다!", "나는 의욕이 넘친다!"라고 마음껏 착각해 보자.

착각이 인생을 바꾼다

03 모든 습관은 뇌에 각인된 결과이다

습관은 뇌에 각인된 결과이며, 축적된 습관이 나를 정의한다.

갓 태어난 아기들은 다들 엇비슷한데, 나이가 들어가면서 어째서 제각각 다른 습관을 지니게 되는 것일까? 그 이유는 각인 때문이다. 어릴 때부터 "너는 도무지 잘하는 게 없구나!"라는 말을 들어온 사람은 '나는 잘하는 게 하나도 없다'고 생각하게 된다. 반복적으로 들어온 말들이 뇌에 각인되기 때문이다. 각인은 습관을 만들고, 습관은 사람을 만든다.

말은 뇌에 각인된다

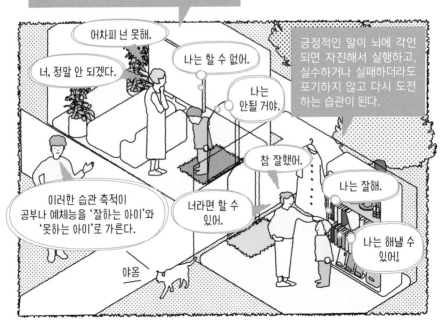

타인에게서 들은 말만 각인되는 것은 아니다. 예를 들어, 진심에서 우러나오는 미소로 고객을 응대하는 영업자는 '고객이 자사 제품에 만족하는 것이 나의 기쁨이다'라고 스스로에게 각인하고, 무의식 중에 미소 짓는 습관이 몸에 배어 있다. 사람들이 선천적 능력이나 자질이라고 생각하는 대부분은 사실 뇌에 각인된 결과이며, 잠재의식에 의해 만들어진 습관이다.

각인이 습관을 만들다

어릴 때 '음식을 먹은 후에는 양치하라'는 말을 계속 들었기 때문에, 성인이 되어서도 무의식중에 이를 닦고 있는 사람들이 많을 것이다.

이렇듯 습관은 무의식적으로 당연히 하거나, 저절로 하는 행위이다.

혼잣말도 뇌에 각인된다.

어차피 난 못해.

뇌에 각인된 행위가 습관을 만들고, 습관이 인간을 만든다.

인간은 습관에 조종당한다!

잘 될 리가 없어.

부정적으로 말하는 습관이 스스로 자신감을 잃게 만드는 원인이다.

따라서, 긍정적인 말을 반복적으로 뇌에 각인하면 습관을 바꿀 수 있다.

04 습관을 바꾸면 미래가 바뀐다

어떤 일을 하기로 결심하고, 반복해서 뇌에 각인함으로써 '미래의 나'를 바꿀 수 있다.

각인은 타인의 힘을 빌리지 않고 언제든지 바로 시작할 수 있다. 우선 사소한 한 가지라도 꾸준히 해 보기로 결심하고, 의식적으로 반복하면 뇌에 각인된다. 그렇게 새로운 습관이 개발되는 것이다. 과거의 습관이 현재의 나를 만들었다면, 지금부터 시작하는 새로운 습관이 미래의 나를 만든다.

'습관'은 미래의 나를 만드는 수단이다

새로운 습관 하나를 만들었다고 해서 즉시 눈에 보이는 결과가 나오는 것은 아니다. 하지만 한 해, 또 한 해 꾸준히 지속하다 보면 "나는 꾸준히 해내는 사람이다!"라는 자신감이 붙는다. 어떤 일을 습관화한 실적이 나의 정체성을 바꾸는 것이다. '무엇을 하느냐'가 중요한 것이 아니라, 꾸준히 하는 과정, 그 자체에서 나의 잠재된 가치가 발현된다.

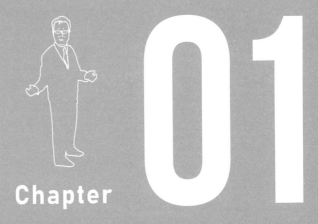

Chapter 01

습관은 나를
변화시키는 힘이다!

사소한 단 하나라도 습관화해 보자. 그것만으로도 삶이 바뀌는 것을 경험하게 될 것이다.

이 장에서는 '습관은 정확히 무엇인가?', '새로운 습관을 시작하면 어떤 일이 일어나는가?', '습관을 꾸준히 이어가려면 어떻게 해야 하는가?'에 관하여 다룬다. '습관'의 힘으로 '운 좋은 사람'이 될 수 있다.

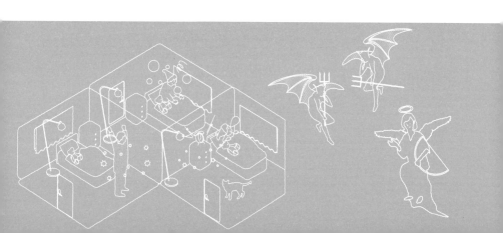

01 무의식적으로 해야 습관이다

'의식적으로 하는 것'은 습관이 아니다.
습관은 무의식적인 반응이다.

　습관이란 '오랜 시간 반복하는 과정에서 자연스럽게 익혀진 행동 방식'이다. 엄밀하게 말해, 의식적으로 하는 행위는 습관이 아니다. 앞 장에서 설명했듯이 습관은 '잠재의식에 각인된 무의식적 반응'이다. 즉, 의식하지 않고 저절로 하게 되는 행위가 '습관'이다. 그리고 무의식적으로 나오는 말과 행동에서 그 사람의 '본성'이 드러난다.

먼저 '나의 본성'을 아는 것이 중요하다

'나의 본성'과 '되고 싶은 나' 사이에 차이가 있음을 깨달았을 때가 변화를 향한 첫걸음을 내딛는 순간이다. 나의 현재 위치를 모르면 목표까지의 거리와 방향을 알 수 없다. 현재 나의 '본성'을 파악해야, '되고 싶은 나'를 향해 올바른 노력을 할 수 있다.

현재의 나를 부정할 필요는 없다

현재의 나는 과거 습관에 의해 만들어진 것이다.

현재의 나를 만들어낸 것이 무엇인지 먼저 파악하는 것이 중요하다.

현재의 나

되고 싶은 나

'되고 싶은 나'를 구체적으로 상상할 수 있는 사람은 자신을 변화시킬 힘이 있다.

'습관' 기술을 사용하여 '되고 싶은 나'에 가까이 다가가자!

현재의 나(나의 본성)와 되고 싶은 나의 차이를 직면함으로써, 앞으로는 내가 원하는 대로 미래의 나를 만들 수 있다.

23

02 '되고 싶은 나'를 상상한다

'나는 누군가에게 인정받고 있다'는 인정 욕구 충족이 습관 형성
성공률을 높이는 가장 큰 원동력이 된다.

습관으로 정착시키려면, 의식적으로 꾸준히 반복하는 노력이 필요하다.
계속 시도하고 반복할 수 있는 원동력은 '되고 싶은 나'에 대한 소망이다.
그 소망이 간절할수록 습관 형성의 성공률이 높아진다. 간절함을 강하게
만드는 가장 좋은 방법은 '내가 이상적인 모습에 도달했을 때, 기뻐할 사
람'을 떠올리는 것이다.

'습관 형성' 방정식

나를 있는 그대로 인정하고, 나의 성과를 함께 기뻐해 주는 사람이 곁에 있으면 살아가는 데 큰 힘이 된다. 그 사람들을 떠올려 보자. 가족, 연인, 친구, 상사, 동료, 고객 등 저마다 여러 얼굴이 떠오를 것이다. 그들이 나를 보며 기뻐하는 이미지를 구체적으로 그릴수록 간절함도 커진다. 간절한 소망과 꾸준한 반복이 결합한 결과, '습관'이라는 큰 재산을 얻게 될 것이다.

소망의 간절함을 키우는 포인트

소망의 간절함을 키우는 핵심은 내가 이상적인 모습에 도달했을 때, 기뻐할 사람의 모습을 상상하는 것이다.

배우자와 자녀

친구

상사와 동료

거래처

부모

'나는 누군가에게 인정받고 있다'고 확신하면 인간은 최선을 다하게 된다.

03 꾸준히 하려면
나와의 약속을 지켜야 한다

습관을 바꾸면 관점이 바뀌고,
당신 앞에 수많은 기회의 문이 열릴 것이다.

꾸준히 한다는 것은 나와의 약속을 지킨다는 것이다. 나와의 약속 사항은 내가 정한다는 데 중요한 의미가 있다. 당연한 소리를 진지하게 한다며 웃는 사람도 있겠지만, 의외로 많은 사람이 스스로 정하지 않는 삶을 살고 있다. '열심히 하자', '더 노력하자'는 생각은 하지만, '그래서 무엇을, 언제, 어디서 어떻게 실천할 것인지' 구체적으로 정하지 않는 경우가 대부분이다. 그 결과, 실천하는 행동 변화로 나아가지 못하고, 습관도 형성되지 않는다.

'나는 이렇게 할 거야!'라고 결정하는 것이 중요하다

많은 사람이 "열심히 하겠다고 마음 먹었음에도 도무지 습관으로 정착되지 않는다."라고 말하며 중도에 포기해 버린다. 이는 '약속 사항 스스로 정하기'라는 중요한 단계를 건너뛰었기 때문에 습관으로 이어지지 못한 것이다. 바꿔 말하면, 스스로 정하기만 하면 그 무엇이든 습관으로 만들 수 있다. 작은 일 하나라도 습관으로 정착되면, 그간 맞이할 수 없었던 수많은 기회가 다가올 것이다.

습관을 바꾸면 사물을 파악하는 방식도 바뀐다

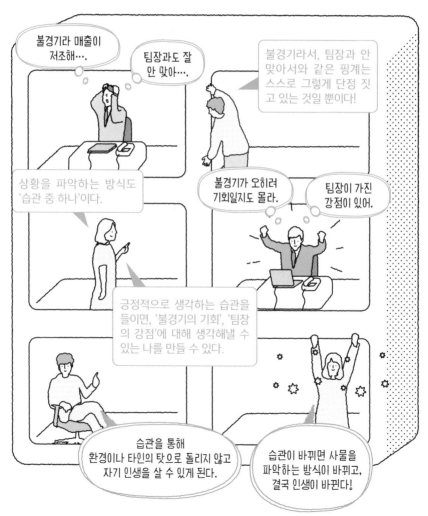

04 뇌가 즐거워야 꾸준히 한다

지금까지 꾸준히 하지 못했다면,
자신의 뇌를 속임으로써 '지속되는 습관'으로 바꿀 수 있다.

꾸준히 할 수 있는 취미를 가져보려고 다양한 시도를 해봤지만 중도에 그만둔 경험이 있을 것이다. 꾸준히 하는 사람과 중도에 포기하는 사람의 차이는 무엇일까? 사실, 성향이나 의지의 차이가 아니라, 그 사람의 뇌가 즐겁다고 느끼는지, 그렇지 않은지의 차이일 뿐이다. "에이, 설마 인간의 뇌가 그렇게 단순할 리 없잖아?"라고 반문하고 싶겠지만, 뇌 구조에서 모든 것은 '유쾌·불쾌'로 결정된다. 인간은 즐겁지 않으면 계속하지 않는다.

인간은 즐겁지 않으면 계속하지 않는다

좋음, 즐거움, 기쁨, 설렘 등의 '유쾌함'을 느끼면 인간은 스스로 접근한다.

오감을 통해 들어온 정보는 뇌의 편도핵에서 '유쾌·불쾌'를 판단한다.

싫음, 지루함, 슬픔, 분노 등의 '불쾌함'을 느끼면 인간은 스스로 회피한다.

이를 '접근 반응' 이라고 한다.

이를 '회피 반응' 이라고 한다.

?

그래서 계속 좋아하는 일은 하려고 하고, 싫어하는 일은 피하려고 한다.

대부분 '게임을 하는 것보다 공부하는 것이 옳기 때문에 공부해야 한다'
는 식으로 '이것이 옳기 때문에 계속해야 한다'고 생각한다. 그러나 뇌는
옳다는 이유만으로는 어떤 행위를 꾸준히 할 수 없다. 우리 뇌는 흥분되고
설레는 느낌이 없으면, 아무리 옳은 일이라도 임의로 회피 반응을 일으킨다.
습관으로 정착시키기 위해서는 옳은 일을 억지로 계속하는 노력이 아니라,
옳은 일을 즐기는 노력이 필요하다.

'유쾌·불쾌'를 판단하는 메커니즘

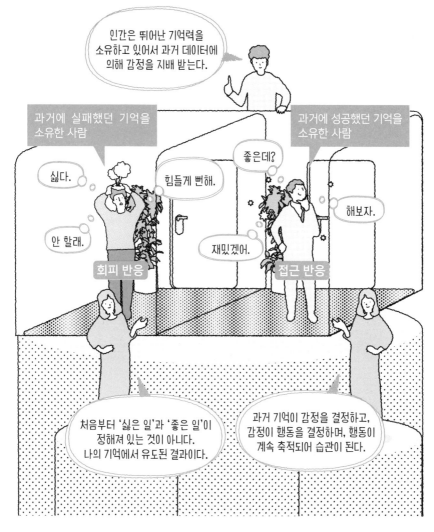

05 중도에 포기하는 이유

꾸준히 하는 사람과 중도에 포기하는 사람의 차이는
그 사람이 '안락 욕구형'인지, '충실 욕구형'인지로 설명할 수 있다.

앞서 설명한 대로, 인간의 감정과 행동은 편도핵의 '유쾌·불쾌' 판단에 의해 '접근 반응'과 '회피 반응'으로 구분된다. 이 반응 패턴에 주목하면, 꾸준히 하는 사람과 포기하는 사람의 차이가 분명해진다. 꾸준히 하는 사람은 필요한 것에 접근하고, 불필요한 것을 회피하는 경향이 있다. 반면, 중도에 포기하는 사람은 필요한 것을 회피하고 불필요한 것에 접근하는 경향이 있다.

꾸준히 하는 사람과 포기하는 사람의 차이

꾸준히 하는 사람은 필요한 것에 접근하고, 불필요한 것을 회피한다.

다이어트를 한다면…
편의점에 갔을 때 디저트 매대에 접근하지 않는다.

영어 공부를 한다면…
영어 교재를 항상 소지하고 있다.

중도에 포기하는 사람은 필요한 것을 회피하고, 불필요한 것에 접근한다.

영어 공부를 한다면…
영어 교재를 책상 한쪽에 그대로 두고 있다.

다이어트를 한다면…
편의점에 갔을 때 무의식적으로 디저트 매대로 간다.

습관을 만들기 위해서 알아두어야 할 것이 한 가지 더 있다. 인간에게는 안락 욕구와 충실 욕구라는 두 가지 욕구가 있으며, 이 둘은 습관을 형성하는 시점에 상호 충돌한다. 만약 안락 욕구가 승리하면, 좋은 습관이 정착되지 않는다. 눈앞의 안락에 현혹되지 않고, 충실한 삶을 살겠다고 의식하면, 나이를 불문하고 누구나 성장할 수 있다.

안락 욕구 vs 충실 욕구

안락 욕구란 '편하게 살고 싶다'고 바라는 마음이다.
식욕, 수면욕, 성욕, 물욕, 지배욕, 사리사욕… etc.

안락 욕구형의 사고 패턴
▶ 귀찮은 일을 피하고 싶다.
▶ 자신에게 책임이 돌아오는 것이 싫다.
▶ 새로운 것에 도전하고 싶지 않다.

안락 욕구형은 타인에게 기대하는 '의존형'의 자세로 살아간다.

충실 욕구형은 자신에게 기대하는 '자립형'의 자세로 살아간다.

안락 욕구형의 행동 패턴
▶ 타인에게 책임을 전가한다.
▶ 지시가 없으면 행동하지 않는다.
▶ 문제 처리 및 개선·향상이 더디다.

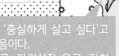

충실 욕구란 '충실하게 살고 싶다'고 갈망하는 마음이다.
자기실현 욕구, 자기성장 욕구, 가치 창조 욕구, 사회조화 욕구… etc.

충실 욕구형의 사고 패턴
▶ 비전 달성을 위해서라면 귀찮아하지 않는다.
▶ 책임 있는 일을 하고 싶다.
▶ 새로운 도전을 좋아한다.

의식하지 않고 살다 보면, 안락 욕구가 이기게 되어 있다. 그러면 성공을 부르는 습관이 정착되지 않고, 더 나은 인생으로 나아갈 수 없다.

충실 욕구형의 행동 패턴
▶ 스스로 책임진다.
▶ 지시가 없어도 스스로 생각하고 행동한다.
▶ 문제 처리 및 개선·향상이 빠르다.

06 '단 하나의 습관'이 인생을 극적으로 바꾼다

'습관 정착'을 거창하게 생각할 필요는 없다.
단 하나의 습관으로도 인생을 바꿀 수 있다.

　나이, 직업, 지위, 출생 환경과 상관없이 누구나 단 하나의 습관만으로도 인생을 바꿀 수 있다. 직장, 학교, 가정, 인간관계 등 모든 상황에서 습관은 나를 강력하게 지지해 주는 힘이 되며, 간단하고 사소한 일이라도 꾸준히 하다 보면 원하는 바를 이룰 수 있다. 작은 일이라도 좋으니 뭔가 하나를 정해서 꾸준히 해 보자.

습관이 인생을 바꾼 사례

▶ 사례 1

직장인 A 씨는 '해야 할 일을 종이에 적고, 모두 완료할 때까지 잠자리에 들지 않는다'는 습관을 매일 10년 동안 이어갔다.

그 결과, A 씨는 회사를 설립하고, 세계 15개국에서 사업을 전개하는 국제 사업가가 되었다.

A 씨는 매일 해야 할 일을 쓰다 보니, '진정으로 하고 싶은 일'이 명확해졌고, '그것을 이루기 위해 무엇을 해야 하는지'에 대한 아이디어가 샘솟기 시작했다.

'일에서 성과가 나지 않는다', '좀처럼 공부 습관이 만들어지지 않는다', '다이어트에 매번 실패한다' 등 사람들은 습관에 관해 다양한 고민을 한다. 이와 같은 고민을 해결하는 방법은 간단하다. 작은 행위 하나만 습관으로 정착시키면 된다. 습관을 만들 힘이 있다면, 어떤 고민이나 문제에도 대응할 수 있다. 단 하나의 작은 습관으로 인생에 상상 이상의 극적 변화가 일어날 수 있다.

▶사례 2

그 결과, B 씨는 10kg 이상 체중 감량에 성공했다. 다이어트 성공자를 대상으로 한 경연에 출전하여 자신감도 되찾았다.

체형 콤플렉스가 있던 B 씨는 '뇌에 각인하기'를 실천하기로 결심했다. 식단을 할 때마다, '이렇게 먹으면 몸매가 좋아진다'며 스스로 되뇌는 습관을 이어갔다.

▶사례 3

그 결과, 배우자와의 대화가 원활해졌고 화목한 가정 분위기를 만들 수 있었다.

가족 간의 대화 단절로 고민하던 C 씨는 배우자에게 매일 '고맙다'고 말하는 습관을 이어갔다.

습관은 사람 사이의 관계까지도 변화시키는 힘이 있다.

이 외에도 습관 개선으로 원하는 바를 이루고 변화한 인생을 맞이한 실제 사례는 많다.

33

07 '운'은 습관에서 만들어진다

'불운'도 내 탓이라고 생각해 보자.
'운'은 스스로 만드는 것이기 때문이다.

우리는 좋은 습관을 지속하고, 나쁜 습관을 끊어낼 수 있다. 모든 것은 내가 어떻게 생각하고 행동하는지에 달려 있다. 지금까지는 뜻대로 되지 않았던 일에 대해서 '운이 나빴을 뿐이지, 내 잘못이 아니다'라고 생각해 왔을 수 있다. 그러나 그 결과를 끌어당긴 것은 다름 아닌 나의 습관이다.

습관을 정착시키는 단계

❶ '나의 본성'을 파악한다.(▶p.22)

❷ '되고 싶은 나'를 구체적으로 상상한다.(▶p.24)

미래 경영인!

현재의 나…

먼저 '현재의 나'와 '되고 싶은 나' 사이의 차이를 직시하자.

'이상적인 나'에 도달했을 때, 기뻐할 사람을 상상하면 효과적이다.

뇌에 입력되는 정보와 관계없이 말과 행동으로 내보내는 출력을 긍정적으로 바꿀 수 있다. 먼저 내가 말과 행동을 긍정적으로 출력하면, 주변 사람들에게 긍정적으로 입력된다. 그 결과, 주변에 항상 밝고 긍정적인 분위기가 형성되고, 자연스럽게 하는 일마다 잘 풀린다. 즉, '운'은 나의 습관에서 만들어지는 것이다.

눈앞의 안락함에 휩쓸리지 말고, 의식적으로 충실한 삶을 만든다.

❺ 먼저 한 가지 습관을 정착시킨다.(▶p.32)

❹ 필요한 것에 접근하고, 불필요한 것은 회피한다.(▶p.30)

일단 꾸준히 하는 것이 중요해.

❸ 무엇을 할지 스스로 결정한다.(▶p.26)

게임기부터 치워야지….

매일 책을 읽겠어!

단 하나의 습관으로 인생이 극적으로 바뀐다!

인간의 능력에는 차이가 없다. 습관의 차이일 뿐이다!

무엇을 할지 '내가 직접 결정' 하는 것부터 '습관'이 시작된다.

습관이 나를 지지하게 만들고, 이상적인 내가 되자!

08

이치로 선수에게 배우는
습관의 기술

미국 메이저리그에 진출하여 야구 역사에 기록될 활약을 했던 이치로 선수의 '습관 기술'을 배워보자.

일본과 미국 프로야구 선수로 맹활약한 스즈키 이치로는 루틴을 철저히 지키는 자기 관리의 대명사로 꼽힌다. 그는 매일 해야 할 모든 활동을 선명하게 정해 두고, 한 치의 오차도 없이 철저히 지켰다. 이러한 습관의 결과로 안정된 경기력을 유지할 수 있었다. 이치로 선수가 남긴 명언이 있다. "준비란, 변명 거리가 될 수 있는 모든 것들을 배제하기 위해서 할 수 있는 모든 것을 해 나가는 것이다."

완벽한 준비가 자신감을 가져온다

이치로의 명언

빠른 속도로 플레이할 수 있도록 육체적, 정신적으로 끊임없이 준비한다. 중요한 것은 경기 전에 완벽하게 준비하는 것이다.

'필요한 모든 준비를 마쳤다'고 스스로 말할 수 있다면, 어떤 결과든 스스로 납득할 수 있다.

스스로 납득할 수 있기에 정확한 분석을 할 수 있고, 무엇이 부족한지 이해하며 반드시 다음 단계로 나아갈 수 있다.

이치로 선수는 현역 시절, 경기 전에는 누구보다 꼼꼼히 스트레칭하고, 경기 후에는 식사 시간 전후로 훈련하고, 2시간 동안 마사지 받는 습관을 항상 유지했다. 이렇게 일상의 루틴을 소홀히 하지 않았던 태도가 세계적 선수로 명성을 얻게 된 이유일 것이다.

습관은 '강한 두뇌'를 만든다

우리가 이치로 선수만큼 철저하게 준비하기는 어려울 것이다. 하지만 여가 시간을 단지 재충전에만 할애하지 않고, 스스로 정한 준비를 반복하고 실천해 볼 수 있는 기회로 활용할 수는 있다.

자신이 정한 것을 습관화하면, 뇌와 몸이 연동하여 조건반사적으로 실행할 수 있으며, 매일의 결과에 좌우되지 않는 강한 두뇌가 만들어진다.

POINT

누구나 할 수 있는 것을
누구도 할 수 없을 정도로
계속, 해나가는 것이다.

이것이 중요!

습관 형성은
다 나은 삶을 향한 준비 시간을
충실하게 진화시켜 줄 것이다.

Chapter 02

현재를 직시하고
미래를 상상한다!

현재의 내 모습을 파악했다면
습관 만들기에 절반은 성공한 것과 같다.
자신을 믿고 도전하자.

'되고 싶은 나'를 향해 나아가기 위해서는 먼저 '현재의 나'를 알아야 한다. 그러기 위해서는 현재의 나와 '대면'해야 한다. 있는 그대로의 자신과 마주함으로써, '되고 싶은 나'를 명확하게 떠올리고 그릴 수 있게 된다.

'되고 싶은 나'를 선명하게 그린다

습관으로 이어지려면 과거 기억에 얽매이지 말고,
우뇌로 미래 이미지를 선명하게 그려야 한다.

　좌절감은 포기의 가장 큰 원인이다. 따라서 좌절로 향하지 않도록 동기 부여하는 아이디어와 장치를 마련해야 한다. 그중 하나가 '되고 싶은 나'를 선명하게 그리는 것이다. 예를 들어, 다이어트에 성공하고 싶다면 단지 '살을 빼고 싶다'는 바람을 넘어, '살을 빼고, 되고 싶은 내 모습'을 가능한 한 구체적으로 시각화한다. 목표를 달성한 순간을 선명하게 그린 이미지가 있어야 의욕을 불태울 수 있다.

'되고 싶은 나'에 대한 구체적 이미지를 만든다

인간의 뇌는 태어난 순간부터 지금까지의 모든 기억을 저장하고 있다. 부정적 감정에 대한 기억은 특히 강력하다. 중도에 포기했던 기억을 떠올리며, '이번에도 어차피 하다 말겠지'라는 생각을 출력하고, 습관으로 정착되지 못하게 발목을 잡는다. 이에 대항할 유일한 방법은 우뇌로 나의 미래 이미지를 확고하게 그리는 것이다.

'되고 싶은 나'는 '소망'이다

'무슨 일이 있어도 나는 이렇게 될 거야!'라는 목표에 대한 강력한 이미지가 있으면, 실패하고 좌절했던 과거 기억에 얽매이지 않고, 미래의 나를 확신하는 힘이 생긴다.

소망이 간절할수록 끈기도 강해진다

소망의 크기 = 끈기의 강도

'되고 싶은 나'를 꿈꿀 때는 나의 '이상적인 모습'을 과감하게 구상하고 그리는 것이 중요하다.

나는 ○○왕이 될 거야!!

'내 상황이 이럴진대, 설령 내가 변한다고, 현실을 벗어날 수 있겠어?'와 같이 꿈을 제한하면 안 된다! 되고 싶은 나를 선명하게 그리고, 소망을 최대한 키우는 것이 좌절을 피하는 비결이다.

02 '현재의 나'와 '되고 싶은 나'의 거리를 파악한다

'되고 싶은 나'라는 목표를 달성하기 위해서는
먼저 '현재의 나 = 현재 위치'를 알아야 한다.

'되고 싶은 나를 선명하게 그리기'와 세트로 해야 할 일이 하나 더 있다. 현재의 나(= 현재 위치)를 파악하는 것이다. 지금 내가 어떤 환경에 놓여 있는지, 약점과 단점이 무엇인지 모르면 목표 달성을 위해서 무엇을, 어떻게 노력해야 할지 알기 어렵다. 나의 현재 위치를 아는 것은 '올바른 노력이 무엇인지'를 깨닫는 것이기도 하다. 또한, 나의 현재 위치를 정확히 알면, 나의 본성(▶p.22)을 직면할 수 있다.

현재 위치를 파악하는 방법 ① 다른 사람에게 물어본다

상사, 동료, 가족, 친구 등 10명에게 나에 대해 어떻게 생각하는지 물어보자. 그들의 대답을 통해 나의 '본성'이 다른 사람에게는 어떻게 보이는지 알 수 있게 된다.

나는 어떤 사람이야?

의외로 약은 면이 있지.

나는 그런 사람이 아닌데….

나는 절대 그런 사람이 아님에도, 상대가 나를 그런 사람으로 생각한다는 것은, 나에게 그렇게 생각될 만한 습관이 있다는 증거이다. 이 사실을 이해하면, 평소 언행에 배어있는 습관을 어떻게 바꿔야 할 지 알게 된다.

나의 현재 위치를 직시하고 '내가 겨우 이 정도였나…'라며 의기소침해
질 수도 있다. 하지만 그럴 필요 없다. 나의 현재 위치를 깨달으면 개선에
50% 성공한 것과 다름없기 때문이다. 나의 현재 위치를 모른 채, 근성과
열정만 가지고 무작정 달리면 목적지에 결코 도달할 수 없다. 되고 싶은 나
(= 목적지)를 선명하게 그리고, 현재의 나(= 현재 위치)를 깨달은 사람은 올
바른 노력을 통해 꾸준히 목표를 달성할 수 있다.

현재 위치를 파악하는 방법 ② 나를 스스로 조사한다

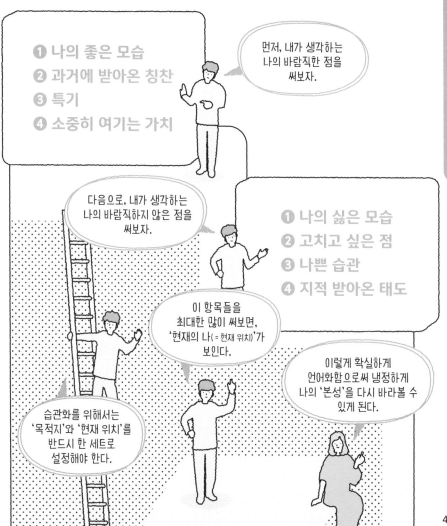

① 나의 좋은 모습
② 과거에 받아온 칭찬
③ 특기
④ 소중히 여기는 가치

먼저, 내가 생각하는
나의 바람직한 점을
써보자.

다음으로, 내가 생각하는
나의 바람직하지 않은 점을
써보자.

① 나의 싫은 모습
② 고치고 싶은 점
③ 나쁜 습관
④ 지적 받아온 태도

이 항목들을
최대한 많이 써보면,
'현재의 나(= 현재 위치)'가
보인다.

이렇게 확실하게
언어화함으로써 냉정하게
나의 '본성'을 다시 바라볼 수
있게 된다.

습관화를 위해서는
'목적지'와 '현재 위치'를
반드시 한 세트로
설정해야 한다.

03 '무엇을 위해', '누구를 위해'를 생각한다

목표가 있으면 꾸준히 할 수 있다.
'누군가를 위한' 목표라면 몇 배 더 열심히 할 수 있다.

목표가 없으면 꾸준히 할 수 없다. 어떤 행위를 습관으로 정착시키고 싶다면, '무엇을 위해?'라고 자문해 보자. 처음부터 '사회에 공헌하기 위해'와 같은 거창한 목표를 세울 필요는 없다. 시작은 '나의 욕구 충족'이어도 괜찮다. 나의 욕구를 충족하기 위해 눈 앞에 놓인 일에 전력을 다하다 보면, 머지않아 목표도 높아지게 된다.

처음에는 '나의 욕구 충족'이 목적이어도 괜찮다

높은 목표를 지향하거나 어려운 일에 도전할 때, 나의 욕구 충족만을 목표로 하면 지속력에 한계가 생긴다. '누군가를 위해서'라는 목표가 있을 때, 인간은 몇 배 더 열심히 할 수 있다. 만약 '나를 위해서' 외에는 목표를 찾을 수 없다면 관점을 높이도록 노력해 보자. '나는 ○○이다' 작성을 추천한다. 나의 정체성을 파악하는 과정에서 시야가 넓어지고, 주변 사람들을 위해 내가 할 수 있는 일이 무엇인지 발견하게 될 것이다.

관점을 높인다

높은 곳에서 바라보면 시야가 넓어지듯이 관점을 높이면 더 넓은 세상이 보인다.

세계

한국

나

업계·지역

가족

회사 · 학교

관점을 높이려면 '나는 ○○이다' 작성을 추천한다.

내가 어디에 속해 있는지 인지하면 소속감이 생기고, 내가 공헌할 수 있는 일에 대해 생각하게 된다.

☑ 나는 남자다.
☑ 나는 아버지이다.
☑ 나는 한국인이다.
☑ 나는 ○○상사 직원이다.
☑ 나는 서울 시민이다.

생각나는 목표를 20개 이상 써 보자.

04 '핑계 리스트'로 나를 대면한다

'악마의 속삭임'은 습관화를 방해하지만,
'악마의 속삭임'을 마주하는 것은 결코 헛되지 않다.

습관 만들기 2주 차, '슬슬 습관으로 정착되려나?'라는 생각이 들 무렵, '근데, 뭐가 되고 있긴 한 거야?', '열심히 했으니까, 하루 쉬어도 되겠지?'라는 속삭임이 들리기 시작한다. 과거 습관들이 키운 나의 본성이 '악마의 속삭임'이 되어 나를 시험해 오는 것이다. 악마의 속삭임과 대면하는 것은 전혀 헛되지 않다. 그 속삭임에 귀를 기울임으로써 내가 지금까지 어떻게 살아왔는지 깨달을 수 있기 때문이다.

'악마의 속삭임'은 나의 본성을 깨닫는 기회

지금 굳이 안 해도 돼.

나의 본성
나중으로 미루는 버릇이 있다.

나의 본성
일이 바쁘다는 핑계를 댄다.

일이 많아서 겨를이 없어.

'악마의 속삭임'과 마주하는 것은 나의 '본성'을 파악할 좋은 기회가 된다.

습관화를 2주 동안 지속했다면, 그간의 행동과 생각을 되돌아보자.

지난 2주간의 행동과 생각은 지금까지 살아온 '인생의 축소판'이라 할 수 있다.

악마의 속삭임과 함께 중도에 포기하게 만드는 요인이 핑계이다. "오늘 춥네, 감기 걸릴 수도 있으니까 운동하지 말고 쉬자."라며 핑계를 대고, 건너뛰는 것이다. 자각하지 않으면, 누구라도 핑계를 대기 마련이다. '핑계 대지 말라'고 스스로 채찍질하는 대신, 핑계 리스트를 만들어 보자. 그럼 내가 살면서 무심결에 해 온 핑계를 자각하게 되고, 좌절감을 일으키는 핑곗거리도 확실히 줄일 수 있다.

핑계 리스트로 핑계를 줄이다

모든 핑계를 종이에 쓰고 의식적으로 줄여나가자.

❶ 핑계 리스트를 적는다.
입버릇처럼 무심코 해온 핑계, 살면서 한 번이라도 했던 핑계를 떠올려 모두 종이에 적는다.

방, 사무실 책상, 수첩 등 평소 나의 행동반경에서 눈에 잘 띄는 곳에 붙여 놓는다.

❷ 잘 보이는 곳에 붙인다.
핑계 리스트 종이를 눈에 가장 잘 띄는 곳에 붙인다.

❸ 수시로 체크 한다.
핑계 리스트를 수시로 체크하면 '오늘도 이 핑계를 댔네, 내일은 절대 이 핑계를 대지 않겠다'고 강하게 의식할 수 있다.

핑계를 완전히 없애기는 정말 어렵다. 하지만 이렇게 늘 의식함으로써 핑계로 가득 찬 삶에서 탈출할 수 있다.

더 이상 이 핑계를 대지 않겠다!

❹ 선을 긋고 지워나간다.
매일 체크를 반복하면서 '앞으로 이 핑계는 대지 않겠다!'고 결심하고 하나씩 지워 나간다.

05 죽기 전에 후회하는 20가지

후회 없을 인생을 살려면 자신을 믿고 계속 도전하는 것이 무엇보다
중요하다.

미국에서 80세 이상의 노인을 대상으로 '인생에서 가장 후회되는 것이
무엇인가?'라는 설문조사를 진행했다. 그 결과, 응답자의 70% 이상이 공통
된 답변을 내놓았다. 그것은 '도전하지 않은 것'이었다. 후회 없는 인생을
위해서라도 '나는 할 수 있다!'고 믿고 도전해야 한다.

인생의 마지막에 후회하는 20가지

❶ 타인이 어떻게 생각하든 신경 쓰지 말았어야 했다.

❷ 행복을 충분히 누릴 줄 알았어야 했다.

❸ 좀 더 이타적으로 행동했어야 했다.

❹ 사소한 일에 걱정하지 말았어야 했다.

❺ 가족과 더 많은 시간을 보냈어야 했다.

❻ 다른 사람에게 다정하게 말했어야 했다.

❼ 불안을 안고 살지 말았어야 했다.

❽ 시간이 좀 더 있었다면…

인간은 누구나 언젠가 죽음을 맞이할 때가 온다. 지금부터라도 '후회 없는 삶을 살았다'고 말할 수 있는 인생을 만들어 보자. 인생은 용기에 투자하는 순간부터 극적으로 변하기 시작한다. 인생은 얼마든지 바꿀 수 있다!

⑨ 더 과감하게 모험했어야 했다.

⑩ 나를 소중히 여겼어야 했다.

⑪ 타인의 의견보다 나의 직감을 믿었어야 했다.

⑫ 여행을 많이 다녔어야 했다.

⑬ 더 많이 사랑했어야 했다.

⑭ 모든 시간을 마지막처럼 소중히 여겼어야 했다.

⑮ 자녀가 원하는 일을 지지해줬어야 했다.

⑯ 말다툼하지 말았어야 했다.

⑰ 나의 열정을 따랐어야 했다.

⑱ 나를 위해 노력했어야 했다.

⑲ 나의 진심을 말했어야 했다.

⑳ 더 많은 목표를 달성했어야 했다.

Chapter

03

쉬운 일부터 시작한다!
'작은 습관'

비록 작심삼일이 되더라도 그 자체가 다음 습관을 계속하기 위한 유의미한 데이터가 된다.

드디어 실천할 때! 어렵지 않다. '누구나 할 수 있는 일'을 '일단 시도해 보는 것'만으로 OK이다. '지속하지 못해도 자신을 탓하지 말자'가 핵심이다. 좌절을 포함해 모든 것이 좋은 경험이다.

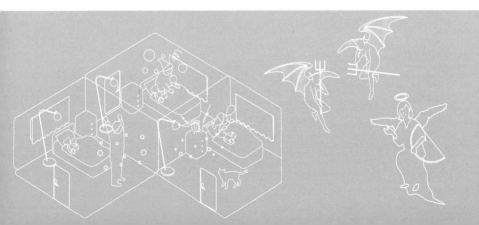

01 '누구나 할 수 있는 일'부터 시작한다

인생을 바꾸고 싶다면, 일상의 작은 습관부터 시작한다.

습관으로 인생을 바꾸길 원한다면, 바로 실천할 수 있는 작은 습관부터 시작해야 한다. 지금까지와 다른 인생을 살고 싶다며, 단번에 큰일을 이루려고 하면 안 된다. 어느 날 갑자기 인생이 극적으로 반전되는 것은 영화나 드라마, 소설에서나 가능할 뿐이다. 일상의 작은 습관들이 쌓여 나의 본성이 되고, 본성이 나의 정체성을 바꾸면서 인생이 달라지는 것이다.

'작은 습관'의 예

무엇을 꾸준히 할지 계획하는 것보다, '내가 정한 약속을 지켰다'는 실적을 쌓는 것이 훨씬 중요하다. 인간의 뇌는 과거 데이터로 감정을 지배한다. 그래서 과거에 뭔가 하나라도 꾸준히 했던 기억이 있으면, 다른 일에 도전할 때 '나는 할 수 있어!'라며 설렘을 느끼고 즐기게 된다. 사소한 일들도 꾸준히 하면, 그 하나하나가 모여 엄청나게 큰 힘이 된다. 그 힘을 깨닫는 순간, 인생이 크게 달라져 있을 것이다. 변화의 시작은 작은 습관이다.

어떤 회사 조직의 예

경영자 A 씨는 매일 아침, 회사 화장실을 청소하는 작은 습관을 이어갔다.

마침내, 직원들도 사무실 청소에 동참하기 시작했다.

처음에는 직원들에게 함께 하자고 제안했지만, 아무도 하고 싶어 하지 않았다.

1 청소합시다.

…1년 후

사장인 내가 솔선수범하자!

죄송해요. 지금 바빠서요.

4 오늘부터 저도 할게요.

2

5 저도. 저도요.

매일 아침 1시간 일찍 출근하여, 회사 화장실 곳곳을 청소했다.

다들 못 본 척했지만, 사실 보고 있었어….

1년 넘게 매일 화장실을 청소하는 사장을 보니 진심이 느껴졌고, 직원들의 행동도 달라졌다.

3

6

닦으면 닦을수록 깨끗해진다! 의외로 즐겁네.

함께 청소하는 습관이 전 직원의 동료 의식을 높였고 업무도 원활하게 진행되었다.

02 '일단 해 보는 것'에 가치가 있다

가벼운 마음으로라도 일단 해보면 '나의 본성(=지금까지 축적해 온 습관)'을 발견하게 된다.

아무리 작은 습관이라도, 처음부터 "하루도 빠짐없이 꾸준히 할 거야!"라며 스스로 압력을 가하면, 오히려 꾸준히 할 수 없다. 왜냐하면 '꾸준히 하는 것은 지루하고 힘들다'는 과거 기억이 뇌에 축적되어 있기 때문이다. 어떤 일을 '계속한다'가 아니라 '시작한다'고 생각하자. 그럼 '일단 해보자'는 마음으로 시작할 수 있다.

'계속한다'가 아니라 '시작한다'고 생각한다

작은 습관은 '시도'의 가치가 '지속'의 가치보다 크다. 사소한 일이라도 스스로 약속을 정하고 실천에 옮기면, 기존에 깨닫지 못했던 나의 본성을 발견할 수 있다. 첫 주는 꾸준히 했지만 2주 차에 접어들면서 요령을 피우는 나를 발견할 수도 있고, 첫날부터 지키지 못했을 수도 있다. 어쨌든, 일단 해봄으로써, 과거에 내가 어떤 태도로 살아왔는지를 깨닫게 될 것이다.

일단 해 봄으로써 과거의 나와 마주한다

03
의무감과 압박감을 느끼면 꾸준히 할 수 없다

'하고 싶다'는 감정과 설레는 느낌에 솔직해야 한다.
그래야 꾸준히 하는 과정을 즐길 수 있다.

　중도에 포기하지 않고 꾸준히 하고 싶다면, 하고 싶은 감정과 하기 싫은 감정의 차이를 중요하게 생각해야 한다. '하고 싶다'는 감정이 들면 뇌가 설렘을 느끼기 때문에 즐겁게 계속할 수 있다. 반면 '하기 싫다'는 감정이 들면 뇌가 거부감을 느끼기 때문에 회피하려고 한다. 그러므로 나의 '좋고 싫은' 감정을 솔직하게 인정하고, 하고 싶은 일을 꾸준히 하면 된다.

'~하지 않으면'이라는 말은 쓰지 않는다

우리는 알게 모르게 '~하지 않으면'이라는 생각에 얽매여 있다. 이것이 모든 좌절의 근원이다. 인간은 '~하지 않으면 안 돼!'라고 생각하는 순간, 스트레스를 받고 무의식적으로 이를 발산하려고 한다. 이에 반응한 뇌가 스트레스를 회피하고자 '탐욕을 추구하라'는 신호를 보내고, 결국 '오늘은 쉬자'가 되고 만다. 꾸준히 하고 싶다면, '~을 하고 싶다'는 설렘을 소중히 여겨야 한다.

설렘을 소중히 한다

04 '완벽'을 목표로 하지 않는다

인간은 기본적으로 약한 생물이다.
처음부터 완벽을 추구하면 좌절의 원인이 된다.

시작도 못 하거나, 중도에 포기하는 가장 큰 원인의 하나가 완벽 추구이다. 꾸준히 하고 싶다면 무조건 문턱을 낮춰야 한다. 인간이란 생물은 기본적으로 약하다. 무기력하고, 졸리고, 피곤해서 할 수 없을 날도 있기 마련이다. 그럴 때는 '복근 운동 한 세트라도 했으니까 OK', '한 문제라도 풀었으니까 OK'라고 생각하면, '꾸준히 해냈다'는 자기긍정감이 생긴다. '무엇을 할까?'를 고민하기보다, 일단 '~을 꾸준히 했다'는 실적을 만들어 보자.

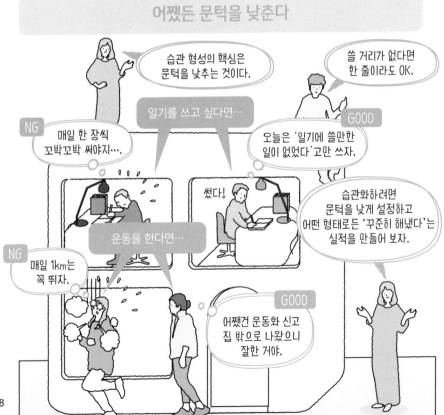

어쨌든 문턱을 낮춘다

습관 형성의 핵심은 문턱을 낮추는 것이다.

쓸 거리가 없다면 한 줄이라도 OK.

일기를 쓰고 싶다면…

NG 매일 한 장씩 꼬박꼬박 써야지….

GOOD 오늘은 '일기에 쓸만한 일이 없었다'고만 쓰자.

썼다!

습관화하려면 문턱을 낮게 설정하고 어떤 형태로든 '꾸준히 해냈다'는 실적을 만들어 보자.

운동을 한다면…

NG 매일 1km는 꼭 뛰자.

GOOD 어쨌건 운동화 신고 집 밖으로 나왔으니 잘한 거야.

설레는 마음으로 꾸준히 하고 싶다면, 게임처럼 하기를 추천한다. '정한 일을 한다'가 아니라 '게임을 클리어한다'고 생각하면 반복이 즐거워진다. 예를 들어, '매일 8,000보 걷기'로 정했다면, 하루가 끝날 무렵에 걸음 수 기록을 확인한다. 그럼 게임을 클리어한 것과 같은 성취감을 느낄 수 있다. 또한, 달력에 표시함으로써 성취도를 시각화하면 레벨업의 기쁨도 맛볼 수 있다. 습관화에 다양한 게임 감각을 적용하면 동기 부여 효과도 높아진다.

게임 감각으로 의욕을 높인다

▶예를 들어, '매일 8,000보를 걷는다'고 정했다면

05 꾸준히 할 수 있는 '시스템'을 만든다

습관으로 정착시키려면 결정한 일을 저절로 하게 되는 '시스템'을 만드는 것이 효과적이다.

習관으로 정착시키려면 시스템을 만들 필요가 있다. '반드시 하겠다!'는 강한 열망도 중요하지만, 의지와 끈기만으로는 오래갈 수 없다. 당연히 할 수밖에 없는 시스템을 만들면 쉽게 습관화할 수 있다. 시스템을 만드는 방법으로 타인 끌어들이기가 있다. 누군가에게 "나는 앞으로 ~할 거야!"라고 선언하거나, 다른 사람을 대하는 태도를 습관화하면 계속할 수밖에 없다.

다른 사람을 끌어들인다

또 다른 방법으로 시간과 장소 정하기가 있다. 단순히 '매일 하기'로만 정하면 "오늘은 일이 바빠서 도무지 시간을 낼 수 없었어.", "깜빡 잊었네." 라며 핑계를 댈 수 있다. 하지만 언제·어디서를 정한 행동은 반드시 일상과 통합될 수밖에 없다. 일단 다양한 장소와 시간대에 시도해 보면서, 나에게 가장 적합한 시스템을 찾아보자.

'언제·어디서'를 정한다

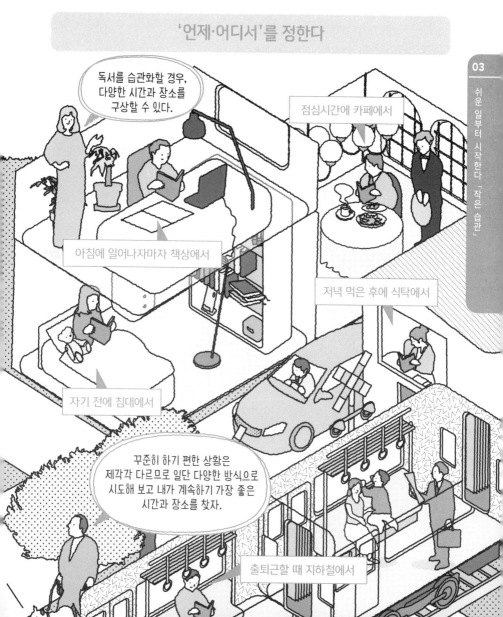

독서를 습관화할 경우, 다양한 시간과 장소를 구상할 수 있다.

점심시간에 카페에서

아침에 일어나자마자 책상에서

저녁 먹은 후에 식탁에서

자기 전에 침대에서

꾸준히 하기 편한 상황은 제각각 다르므로 일단 다양한 방식으로 시도해 보고 내가 계속하기 가장 좋은 시간과 장소를 찾자.

출퇴근할 때 지하철에서

06 '사전 준비'도 습관화에 포함한다

습관 정착에 성공하려면 '사전 준비'도 의식하고 습관에 포함하는 것이 중요하다.

시작 단계에서 실패하는 사람들에게는 사전 준비를 의식하지 않는다는 공통점이 있다. 예를 들어, 매일 새벽 5시에 일어나기로 결심했다고 가정하자. 대부분 결심만 굳건하면 자신과의 약속을 지킬 수 있다고 생각한다. 그러나 중요한 한 가지를 잊고 있다. 바로 취침 시간을 정하는 것이다. 늦은 시간까지 활동하거나 술을 마시면 다음 날 새벽 5시에 일어날 수 없다.

'사전 준비'도 항상 습관화에 포함한다

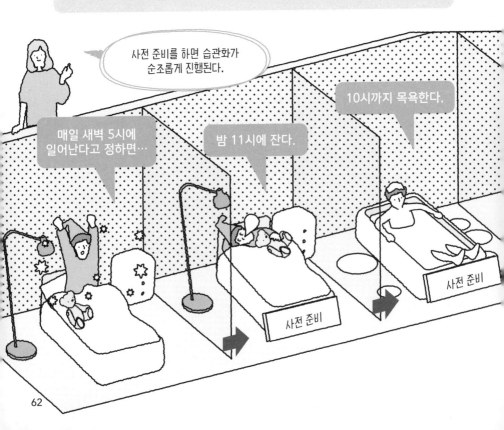

새벽 5시에 기상하는 습관을 들이기로 정했다면, '밤 11시에 잠자리에
든다'와 같이 취침 시간도 정해야 한다. 바로 '사전 준비' 태세를 갖추는 것
이다. 아침 조깅을 습관화하고 싶다면, 침대 옆에 운동복을 두고 잠자리에
든다. 출근 시간에 공부하는 습관을 들이고 싶다면, 전날 스마트폰이나 출
근 가방에 공부할 자료를 넣어 둔다. 이렇듯 사전 준비를 습관화에 반드시
포함해야 순조롭게 실천할 수 있다.

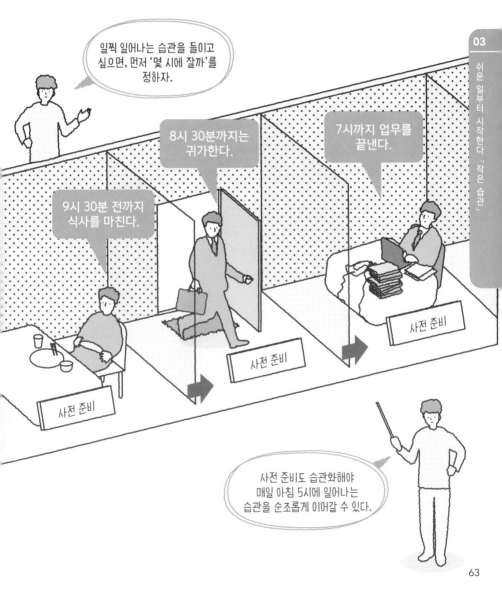

07 당연한 행위에 '예의'를 갖춘다

매사에 '정중한 태도'로 임하기 위해 주의를 기울이다 보면,
무의식적으로 예의있게 행동하게 된다.

모든 사람이 좋은 습관이라고 생각하는 인사도 아무렇게나 하면 나의 '본성'을 내던지는 것과 같다. 직장 동료와 마주쳤다면, 대충 인사만 건네는 것에서 그치지 말자. 가던 걸음을 멈추고 정면에서 상대와 눈을 맞추며 인사한다. 정중한 말과 행동을 의식적으로 꾸준히 하다 보면, 자연스럽게 예의가 인격과 성품에 스며든다. 그럼 의식하지 않아도 점잖고 품위 있게 행동하게 된다.

습관의 질을 높이면 품격이 높아진다

08 '한 일'을 기록한다

습관으로 정한 일의 수행 여부를 기록하면, 나의 성장을 실감할 수 있고 성과를 돌아보며 즐길 수 있다.

습관 정착에 성공하려면 성취감과 함께 성장을 실감하는 것이 중요하다. 습관화는 꾸준함 그 자체가 성장이다. 매일 '한 일'을 기록하고 확인하면, 나의 성장을 실감할 수 있다. 하루를 마치며 일기를 쓰는 것도 효과적이다. 내용은 무엇이든 상관없다. 몇 주 후에 그동안 작성한 기록을 검토하면서 성장하고 있는 나를 보는 기쁨을 즐길 수 있다.

기간을 한정하는 것도 방법이다

'구색 갖추기'도 때로는 효과적이다

습관화는 '구색을 갖추는 과정'에서 설렘이 커지고 '접근 반응'(▶p.28)이 강화되기도 한다.

시작하기 전에 구색을 갖추라고 말하면 "시작도 하기 전에 구색에 신경 쓰다니, 그건 허영이지."라며 반대하는 사람도 있을 것이다. 그러나 습관화를 실천하기에 앞서, 구색을 갖추는 것이 효과적일 때도 있다. 예를 들어, 매일 운동하기로 정하고, 마음에 쏙 드는 운동복과 운동화를 구입하면 "좋았어, 해 보자!"라며 설레는 기분이 든다. 매일 독서하기로 정하고, 독서대, 책갈피, 독서 노트 등을 구입하면 매일 책을 펼치고 싶어질 수도 있다.

'구색을 갖춤'으로써 설렘이 커진다

‘구색 갖추기’에는 또 다른 효과가 있다. 꾸준히 하기 위해 미리 투자했기 때문에, '본전을 뽑아야 한다'는 마음이 생긴다. 다만, 투자가 너무 지나치면 오히려 마음의 짐이 되므로 주의하자. '부담'보다 '설렘'이 앞서는 범위 내에서 투자하는 것이 좋다.

'구색을 갖추기' 위한 5가지 방법

❶ 마음에 드는 도구를 산다.
펜이나 노트 등 마음에 드는 문구류를 갖추면 설렘이 더 해진다.

❺ 도서관이나 독서실에 다닌다.
타인이 보고 있으면 '해야겠다'는 스위치가 켜져 공부에 집중할 수 있게 된다.

물건 구입만이 '구색'을 갖추는 유일한 방법은 아니다.

❷ 책상을 정리한다.
공부하기 전에 책상을 정리 하면, 뇌가 적당히 자극되고 의욕이 높아진다.

예를 들어, 공부를 습관화하고 싶다면 ❷, ❺ 같은 방법도 있다.

❹ 세미나, 시험 등을 신청한다.
유료 세미나에 투자하면 '본전을 뽑아야겠다'는 생각이 든다. 또한, 시험을 신청하면 스스로 적당한 압박을 받게 된다.

❸ 교재를 산다.
교재를 구입함으로써 의식 적으로 접근(▶p.30)하는 것 도 효과적이다.

10 중도에 포기하더라도 자신을 비난하지 않는다

습관으로 정착하지 못했다고 실망할 필요는 없다. 작심삼일의 경험이
습관화로 가는 단계가 되기 때문이다.

습관으로 정착하지 못하고 포기했다 해서 자신을 비난할 필요는 없다.
습관화에 실패했다면, 다음 습관을 새로 정하면 된다. 작심삼일의 경험도
귀중한 노하우가 된다. 실패를 교훈 삼아 새로운 습관을 시작하고 꾸준히
하면, 이전의 포기는 더 이상 실패가 아니다. 실패를 포함하여 모든 시도는
의미 있는 경험이다.

작심삼일도 귀중한 노하우

시도 했다가 포기한 일에 대해서, '다시 한번 해보자'는 생각이 들 때가 있다. 물론 꾸준히 이어가는 것이 최선이지만, 쉬엄쉬엄하는 것이 안 하는 것보다는 낫다. 어쨌건 계속 전진하고 있기 때문이다. 게다가 3일이라도 지속한 실적이 있으면 '하면 된다'는 자신감이 붙는다. 작심삼일의 경험은 내 안에서 습관화의 스위치가 된다. 그러니 작심삼일로 끝날 것을 두려워하지 말고, 계속 새로운 습관에 도전하자.

몇 번이고 다시 시작하면 실패가 아니다

❶ 3일간 계속한 실적이 자신감으로 변한다.

저번에 다이어트로 3일 만에 1kg 감량했었지.

그러니 한 달 동안 계속하면 3kg은 충분히 감량할 수 있어!

작심삼일이라도 작은 성과가 있었다면 '하면 된다'는 자신감으로 이어진다.

❷ 실패해도 다음 습관을 시작하면 된다.

나한테 적합하지 않았을 뿐이야.

이제 다른 습관에 도전해보자!

계속 도전하는 한, 그 간의 모든 실패는 '좋은 경험'이 된다.

만약 습관으로 정착하지 못했어도 '나에게 맞지 않았을 뿐'이라고 생각하자. 다른 습관이라면 꾸준히 할 가능성이 얼마든지 있다.

11 '숨 고르기'와 '보상'도 때로는 중요하다

다시 한번 강조하지만, 습관화에 있어서 '완벽하게 하자', '~하지 않으면 안 돼'라는 생각은 금물이다. 어렵다면 주저하지 말고 문턱을 낮추자.

습관으로 정착되려면 긴 시간이 필요하고, 하기 힘든 날도 있다. 게다가, 인간이라면 누구나 피곤하고 우울할 때가 있다. 그럴 때는 무리하지 말자. 꾸준히 하기 어려울 때를 대비해서 '일주일에 한 번은 쉬어도 OK', '5일에 한 번은 반만 해도 OK' 등으로 나만의 숨 고르기 규칙을 정해두면, 도중에 좌절할 확률이 줄어든다.

자신을 몰아붙이지 않고 꾸준히 하는 것을 우선시한다

흔한 방법이지만, 나에게 주는 보상이 동기를 유지하는 데 효과적이다. "꾸준히 실천하면, 10일 차마다 비싼 점심을 사 먹자!"와 같은 기한 달성 보상도 좋고, "한 번 실천할 때마다 커피 한 잔 마시자!"와 같은 즉시 보상도 좋다. 또는 습관화를 포인트로 설정하여 적립한 포인트가 많아질수록 보상이 커지는 장치를 두어도 재미있을 것이다.

보상을 설정하는 다양한 방법

12

꾸준히 하는 것이
가장 빠른 지름길이다

습관화의 결과는 바로 드러나지 않는다.
그래도 꾸준히 하면 '되고 싶은 나'에게 확실히 가까워질 것이다.

습관화는 지속 시간과 성장 정도가 반드시 비례한다고 할 수 없다. 시작한 순간부터 꾸준히 노력했음에도 성장을 느낄 수 없는 시기가 있다. 혹은 처음에는 긍정적인 변화가 있었으나 중간에 성장이 멈춘 것처럼 느껴지는 시기도 있다. 그때 '악마의 속삭임'(▶p.46)이 들리고, 정말 거기서 멈추면 성장은 멈춘다.

성공의 분기점에 도달할 때까지는 성장을 느낄 수 없다

확실한 목표가 있고 성공해서 기쁘게 해주고 싶은 사람이 있으면 악마의 속삭임에 흔들리지 않는다. 그렇게 나의 성장 가능성을 믿고 노력을 멈추지 않으면 머지않아 성공 분기점에 도착할 것이다. 성공 분기점을 지나면, 성장에 탄력이 붙으면서 '되고 싶은 나'에 도달할 수 있다. '성공 분기점'을 돌파할 때까지 습관의 힘을 믿고 꾸준히 하는 것이 성장을 향한 가장 빠른 방법이다.

13 스스로 결정하고 행동하는 습관을 만든다

습관화를 시작할 때, '큰일'을 해내려고 하기보다,
'작은 성공 경험'을 쌓아 가는 것이 더 중요하다.

습관화는 '질'이 아니라 '수'라는 개념을 명심해야 한다. 대다수 사람이 시작 단계에서 '큰 일', '완벽'을 목표로 하는 경향이 있다. 그러나 성취감을 느끼는 것이 그보다 더 중요하다. '자신과의 약속을 지켰다'는 성취감이 쌓여야 "나는 할 일을 스스로 결정할 수 있고, 결정한 일은 반드시 해내는 사람이다!"라는 믿음이 생긴다.

인생을 좌우하는 것은 '결정 능력'이다

절대 어렵지 않다. '정한 시간에 일어나기', '식사량을 미리 정하고 먹기' '목적지 두 정거장 전에 내려서 운동 삼아 걸어가기' 등 평범하고 작은 일이라도 <u>스스로</u> 결정하고 행동에 옮기면 된다. 뇌는 <u>스스로</u> 결정하고 실행한 일에 대해서 '해냈다!'는 성공 경험으로 기억한다. 그 성공 경험이 쌓여서 나의 정체성을 정의하는 것이다. '내가 할 일은 내가 정한다, 내가 정한 일은 반드시 실행한다'고 다짐하고 꾸준히 실천해 보자.

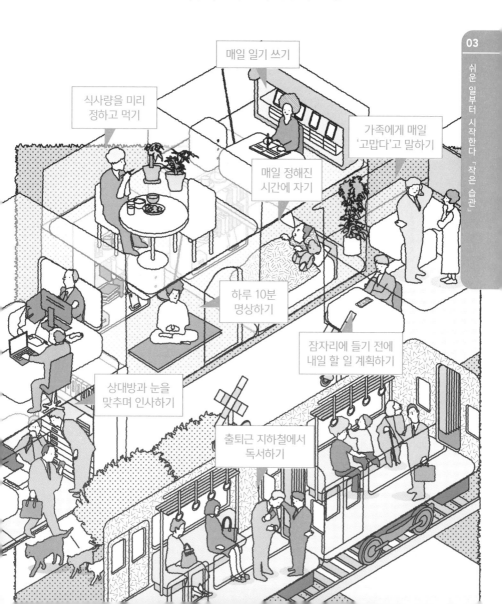

매일 일기 쓰기

식사량을 미리 정하고 먹기

가족에게 매일 '고맙다'고 말하기

매일 정해진 시간에 자기

하루 10분 명상하기

잠자리에 들기 전에 내일 할 일 계획하기

상대방과 눈을 맞추며 인사하기

출퇴근 지하철에서 독서하기

Chapter **04**

뇌 과학으로 이해하는
습관의 기술

긍정적인 출력을 반복하면
어떤 상황에서도 '나는 할 수 있어!'라고
확신하는 뇌로 변한다.

'습관'과 '두뇌'는 강하게 연계되어 있다. 즉, '두뇌'에 효과적으로
접근하면 습관으로 정착되기 쉬워진다. 생각과 행동을 긍정적으로
바꾸면, '두뇌' 자체가 긍정적인 방향으로 이끌리게 된다.

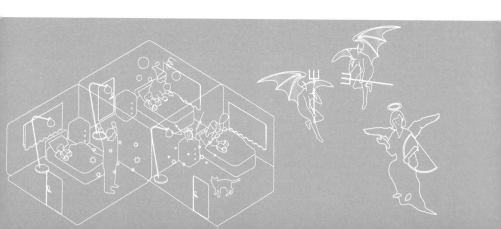

01 '수신→언어→사고→행동'의 연속 과정이 습관이다

우리의 행동을 지배하는 두뇌의 성질을 이해하면 습관화에 성공할
확률이 높아진다.

두뇌와 습관 사이에는 강한 연결고리가 있다. 우리의 행동을 지배하는 '뇌
의 성질'을 이해하는 것이 습관화에 성공하는 지름길이다. 이 장에서는 뇌와
습관의 관계에 대해 깊이 있게 알아보고, 실패하지 않는 강력한 습관을 만드
는 방법을 배울 것이다. 그에 앞서, 습관은 어떻게 만들어 지는지 살펴보자.

습관을 구성하는 4가지 과정

습관은 '수신 → 언어 → 사고 → 행동'의 과정이 연속해서 일어나는 것이다. 일반적으로 우리는 이 중에서 '행동'만 습관이라고 생각한다. 하지만 행동으로 표출되기 전에 '어떻게 입력할 것인가?', '어떻게 언어화할 것인가?', '어떻게 생각할 것인가?'의 과정을 거치고 있다. 따라서 우리가 습관이라고 생각하는 '행동'을 바꾸려면, 수신 습관, 언어 습관, 사고 습관을 먼저 바꿔야 한다.

Chapter03에서 소개했던 '일단 해보기(▶p.54)'와 같이 '행동 습관'부터 바꾸는 방법도 있지만, 사실 그 과정에는 수신, 언어, 사고 습관도 밀접하게 관련되어 있다.

생각을 행동으로 옮긴다.

언어를 바탕으로 생각한다.

행동 습관
➡ 행동하는 방법

사고 습관
➡ 생각하는 방법

사고 습관에는
'확신 습관(확신할 수 있는가 없는가)'과
'착각 습관(좋은 생각인가 아닌가)'이
포함된다.

'착각 습관'에서 비롯된 신념의 힘으로
'나는 할 수 있다!'는 '확신 습관'을 만들면
강력한 '행동 습관'을 습득할 수 있다.

02 뇌가 결론을 내기까지 걸리는 시간은 단 0.5초

우리의 뇌는 정보를 수신한 지 단 0.5초 만에 유쾌·불쾌를 판단한다.

행동이 일어나기 전, '수신 → 언어 → 사고' 과정에 걸리는 시간은 얼마나 될까? 정답은 단 0.5초이다. 오감으로 들어온 정보는 0.1초 만에 '지성의 뇌'로 불리는 대뇌신피질에 도달하고, '감정의 뇌'로 불리는 대뇌변연계에 전달된다. 감정의 뇌는 0.4초 만에 과거 기억을 검색하여 정보의 의미를 판별한다. 즉, 편도핵이 정보에 대해 '유쾌·불쾌'를 판단하는 데 걸리는 시간은 0.5초인 것이다.

뇌는 0.5초 만에 결론을 낸다

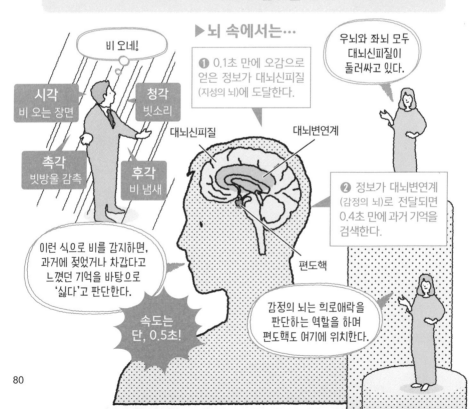

그런데 문제가 하나 있다. 감정의 뇌가 정보 판별을 위해 검색하는 과거 기억에는 긍정적인 데이터보다 부정적인 데이터가 더 강렬한 임팩트로 축적되어 있다는 것이다. 그래서 편도핵은 대체로 '불쾌'로 판단하고 '할 수 없다', '힘들다'는 부정적인 생각을 대량으로 출력한다. 도전을 머뭇거리게 되는 이유는 무의식 상태에서 뇌가 부정적인 생각을 출력하기 때문이다. 즉, 우리가 의식적으로 개입하지 않으면, 부정적인 사고는 멈출 수 없다.

가만히 있으면 부정적인 생각에 빠지는 이유

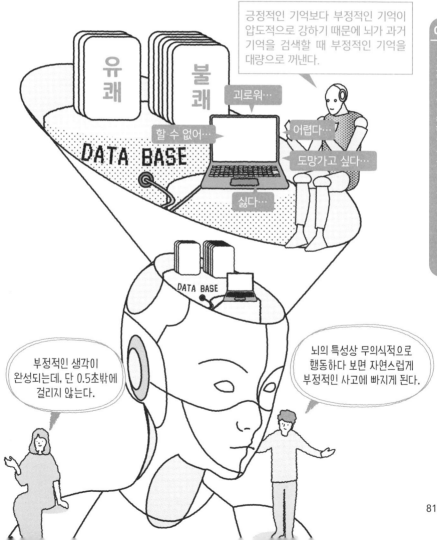

긍정적인 기억보다 부정적인 기억이 압도적으로 강하기 때문에 뇌가 과거 기억을 검색할 때 부정적인 기억을 대량으로 꺼낸다.

부정적인 생각이 완성되는데, 단 0.5초밖에 걸리지 않는다.

뇌의 특성상 무의식적으로 행동하다 보면 자연스럽게 부정적인 사고에 빠지게 된다.

03 뇌는 입력보다 출력을 믿는다

긍정적인 출력을 염두에 두면 부정적인 사고에 빠지기 쉬운 뇌를
긍정적인 방향으로 '세뇌'할 수 있다.

우리가 가만히 있으면, 뇌는 자동으로 부정적인 이미지, 나쁜 기억을 떠
올리게 만든다. 그러나 다행히도 뇌의 또 다른 속성을 활용하면 긍정적으
로 전환할 수 있다. 바로 뇌가 '입력'보다 '출력'을 더 믿기 때문이다. 즉,
'해내기 어려울 거야'라는 생각이 들어도 "일단 해 보겠어!"라고 소리 내
말하는 것이다. 그러면 뇌는 입력보다 출력을 더 믿기 때문에 과거 데이터
를 검색해서 '시도'로 이어지는 긍정적인 기억을 찾아낸다.

뇌는 입력보다 출력을 더 믿는다

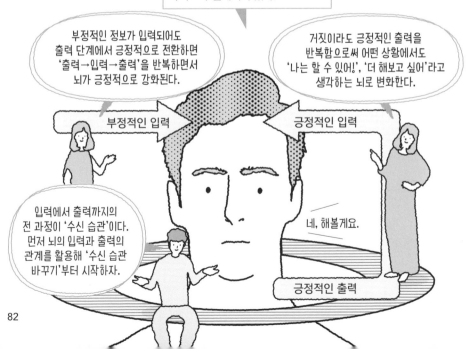

뇌는 '입력→출력' 사이클을 통해 강
화되도록 설계되어 있다.

부정적인 정보가 입력되어도
출력 단계에서 긍정적으로 전환하면
'출력→입력→출력'을 반복하면서
뇌가 긍정적으로 강화된다.

거짓이라도 긍정적인 출력을
반복함으로써 어떤 상황에서도
'나는 할 수 있어!', '더 해보고 싶어'라고
생각하는 뇌로 변화한다.

부정적인 입력

긍정적인 입력

입력에서 출력까지의
전 과정이 '수신 습관'이다.
먼저 뇌의 입력과 출력의
관계를 활용해 '수신 습관
바꾸기'부터 시작하자.

네, 해볼게요.

긍정적인 출력

뇌를 긍정적으로 전환하려면, 순식간에 출력하는 것이 중요하다. 0.5초만에 뇌가 부정적 사고를 완성해 버리기 때문이다. 정보가 입력되자마자 0.2초 만에 "일단 해 보자!"라며 긍정적으로 출력하면, 뇌가 과거 기억을 검색할 시간을 확보하지 못한다. 즉, 정보 입력과 동시에 출력해야 한다는 의미이다. 그러려면 반사적으로 튀어나올 결정어가 필요하다. 일상에서 다양한 상황을 가정하고 '어떤 말을 출력할 것인지'를 준비해 두는 것이다. 결정어를 말로 즉시 출력하는 습관을 들이면, 뇌는 긍정적으로 전환된다.

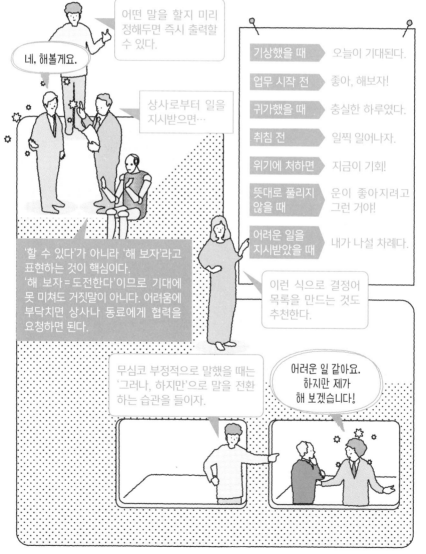

어떤 말을 할지 미리 정해두면 즉시 출력할 수 있다.

네, 해볼게요.

상사로부터 일을 지시받으면...

기상했을 때	오늘이 기대된다.
업무 시작 전	좋아, 해보자!
귀가했을 때	충실한 하루였다.
취침 전	일찍 일어나자.
위기에 처하면	지금이 기회!
뜻대로 풀리지 않을 때	운이 좋아지려고 그런 거야!
어려운 일을 지시받았을 때	내가 나설 차례다.

'할 수 있다'가 아니라 '해 보자'라고 표현하는 것이 핵심이다. '해 보자 = 도전한다'이므로 기대에 못 미쳐도 거짓말이 아니다. 어려움에 부닥치면 상사나 동료에게 협력을 요청하면 된다.

이런 식으로 결정어 목록을 만드는 것도 추천한다.

무심코 부정적으로 말했을 때는 '그러나, 하지만'으로 말을 전환하는 습관을 들이자.

어려운 일 같아요. 하지만 제가 해 보겠습니다!

04 단어를 변환하여 뇌를 긍정적인 정보로 유도한다

말의 의미를 바꾸어 뇌를 속임으로써 좋은 습관을 유지하고, 나쁜 습관을 멈출 수 있다.

언어로 '수신 습관'을 바꾸는 또 하나의 방법이 있다. 바로 의미가 다른 말로 바꾸는 것이다. '운동'이라는 단어가 입력된 순간, 뇌가 과거 기억에서 '운동은 힘들다'는 데이터를 도출하고 '불쾌'로 판단하고 있다면, '운동'이라는 단어를 '건강'으로 바꾼다. "오늘부터 운동하자!"를 "오늘부터 건강해지자!"로 바꿔 말하는 것이다. 그럼 뇌가 '접근 반응'(▶p.28)을 일으키며 운동하는 것에 동기를 부여한다.

'접근 반응'과 '회피 반응'의 표현 예시

반대로도 활용할 수 있다. '몽블랑'이라는 단어가 입력된 순간, 뇌가 과거 기억에서 '몽블랑은 맛있다'는 데이터를 도출하여 '유쾌'로 판단하는 사람이 있다고 가정해 보자. 그런데 이 사람이 지금 다이어트 중이라면 어떻게 하면 좋을까? "나는 지금 몽블랑을 먹는다."를 "나는 지금 설탕과 지방 덩어리를 먹는다."로 바꿔 말한다. 그럼 뇌가 '회피 반응'(▶p.28)을 일으켜 단 음식을 자제할 수 있다. 이처럼 말의 의미를 바꾸면 뇌는 순순히 속아준다.

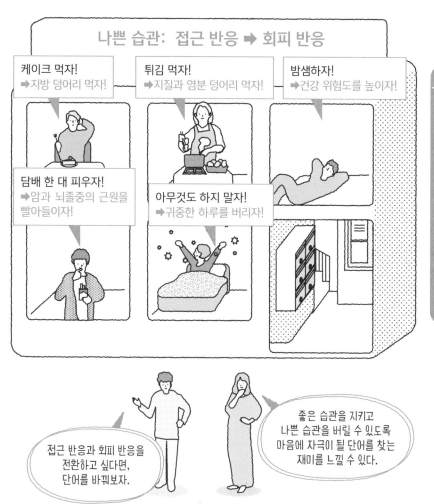

나쁜 습관: 접근 반응 ➡ 회피 반응

케이크 먹자!
➡지방 덩어리 먹자!

튀김 먹자!
➡지질과 염분 덩어리 먹자!

밤샘하자!
➡건강 위험도를 높이자!

담배 한 대 피우자!
➡암과 뇌졸중의 근원을 빨아들이자!

아무것도 하지 말자!
➡귀중한 하루를 버리자!

접근 반응과 회피 반응을 전환하고 싶다면, 단어를 바꿔보자.

좋은 습관을 지키고 나쁜 습관을 버릴 수 있도록 마음에 자극이 될 단어를 찾는 재미를 느낄 수 있다.

05 '몸짓'과 '표정'이 뇌를 긍정적 사고로 이끈다

뇌를 긍정적 사고로 유도하려면, '말'뿐만 아니라, '몸짓'과 '표정'을 의식하는 것도 중요하다.

말뿐만 아니라, 긍정적인 몸짓과 표정도 좋은 수신 습관으로 연결된다. '결정어'와 같은 원리로 결정자세를 만들면 효과적이다. 예를 들어, 기운찬 몸짓은 매우 훌륭한 결정자세이다. 주먹 쥔 두 손에 힘을 불끈 주고 위로 치켜올리면, 자연스럽게 '좋았어!', '그래, 해 보자!'는 기분이 든다. 도전을 앞두고, 미리 정해 둔 기운찬 몸짓을 취하면, 뇌도 그 출력을 믿고 긍정적인 사고를 완성해 간다.

부정적인 출력을 유도하는 '몸짓'과 '표정'

표정도 긍정적으로 출력하자. 방법은 아주 간단하다. 입꼬리를 올리면
된다. '신난다', '기쁘다'와 같은 긍정적인 감정이 들 때, 우리는 자연스럽게
입꼬리가 올라가고 웃는 얼굴이 된다. 딱히 즐거운 일이 없어도, 의도적으
로 입꼬리를 올리면, 뇌는 '뭔가 좋은 일이 있구나'라고 생각한다. 특히, 일
이 잘 풀리지 않거나 지루할 때, 의식적으로 입꼬리를 올리면 뇌에 긍정의
스위치가 켜지고 좋은 아이디어나 즐거운 기분이 출력된다.

긍정적인 '몸짓'과 '표정'이 뇌를 긍정적인 사고로 이끈다

기합 넣고!

해냈어!

일이 잘되든 안 되든
뇌를 긍정적인 사고로 이끄는
결정자세와 표정을 만드는
습관을 들이자!

만세 몸짓

기운찬 몸짓

이치로 선수는
타석에서의 결정자세도
루틴으로 유지했다.

위기 상황일수록
뇌가 긍정적으로
사고해야 하므로
웃는 표정이 중요하다.

삼진 아웃을 당했을 때도
안타를 쳤을 때와 같은 몸짓을
취하기 때문에 이치로 선수의 뇌는
항상 안타를 쳤다고 착각한다.

얼굴의 표정근은 뇌와 바로 연결된다.
그래서 가짜 미소에도 뇌는
순순히 속는다.

06 매일 '좋았던 일'을 기록한다

매일 '3가지 행복'을 기록함으로써 뇌에 긍정적인 정보를 입력할 수 있다.

긍정적으로 출력하는 방법이 또 있다. 일상의 기쁨, 즐거움, 행복을 적어 보는 것이다. 쓰는 행위도 출력이므로 매일 꾸준히 하면 출력 강화 훈련이 된다. 구체적으로, 하루를 돌아보며 '출퇴근 길의 기쁨', '일의 즐거움', '가정의 행복' 3가지를 노트에 써보자. 작고 소소한 것이라도 괜찮다.

일상의 '기쁨, 즐거움, 행복'을 매일 써 본다

일상에서 '좋았던 일'로 눈을 돌려보면, 이런 사례도 글로 쓸 수 있다.

오늘, 행복했던 일이 많았네….

가정의 행복

- ☑ 집에 와서 따뜻한 목욕물에 몸을 담그니 피로가 풀렸다.
- ☑ 숙제하느라 애쓰는 아이가 기특했다.
- ☑ 저녁밥이 맛있었다.
- ☑ 아이의 자는 얼굴이 사랑스러웠다.
- ☑ 이불이 보송보송해서 기분이 좋았다.

이 훈련을 계속하면, 세상에 당연한 것은 하나도 없음을 깨닫게 된다는 장점이 있다. 예를 들어, 예전에는 버스가 정시에 오는 것을 당연시했다면, 이제는 사고나 문제가 없었기 때문에 버스가 정시에 올 수 있었음을 깨닫는다. 지금껏 당연하게 여겼던 일에서 새삼 깨닫게 된 행복과 기쁨은 뇌에 긍정적인 정보로 입력된다. 무심코 부정적으로 말하고 행동하는 경향이 있었다면 '긍정적인 출력→긍정적인 입력'의 사이클을 꾸준히 실천함으로써 수신 습관을 바꿀 수 있다.

출퇴근의 기쁨

☑ 버스와 지하철 시간이 맞아떨어졌다.
☑ 지하철이 쾌적했고, 앉을 자리가 있었다.
☑ 회사까지 걷는 길에 핀 꽃이 예뻤다.
☑ 자리를 양보하고 감사의 말을 들었다.
☑ 역 출구에서 마주한 석양이 아름다웠다.

04

뇌 과학으로 이해하는 습관의 기술

직장의 즐거움

☑ 오늘도 팀원 모두 건강하게 출근했다.
☑ 출장선물을 나눠 주니 다들 좋아했다.
☑ 사무실이 깨끗하게 정돈되어 있었다.
☑ 제품에 만족한 고객 후기가 올라왔다.
☑ 오랜만에 동기와 긴 대화를 나눴다.

매일 쓰다 보면,
어떤 일에서도 긍정적인 면을
찾아내는 능력이 향상된다.

주식회사 ○○○

'오늘은 그다지 좋은 일이 없었다'는
생각이 들어도 일상의 '좋았던 일'에 초점을
맞추고 돌아 보면 기쁨과 행복이 있었음을
깨닫게 될 것이다.

07 그날 일은 그날 청산하여 뇌를 개운하게 한다

하루를 마무리하는 시간에 그날 쌓인 감정을 청산하면,
다음날 뇌를 긍정적으로 유지하는 데 도움이 된다.

    긍정적인 출력을 의식적으로 실천하다가, 갑자기 무력감에 빠지는 느낌이 드는 날이 있다. 인간이기에 의욕이 저하되고 무기력해지는 것은 당연하다. 다만, 다음 날까지 이어지지 않도록 하는 것이 중요하다. 그래서 추천하고 싶은 것이 감정 청산이다. 말 그대로 그날의 감정은 그날 청산한다. 잠들기 전, 그날 있었던 일을 반드시 청산하자. 잠들기 10분 전이 두뇌 골든타임이다.

잠들기 10분 전에 청산한다

잠들기 전에 감정을 청산하는 방법은 매우 간단하다. '① 오늘 좋았던 일, ② 개선할 점, ③ 내일의 대책과 다짐'을 적으면 된다. 수신 습관을 바꾸려면 '반성'이 아닌 '분석'이 필요하다. 부정적인 감정이 드는 날은 좋았던 일을 많이 쓰고, 긍정적인 감정이 드는 날은 개선할 점을 많이 쓰는 것이 핵심이다. 긍정적인 출력을 꾸준히 반복하다 보면, 수신 습관이 긍정적으로 변화하고 있음을 체감하게 될 것이다.

'청산'하는 방법

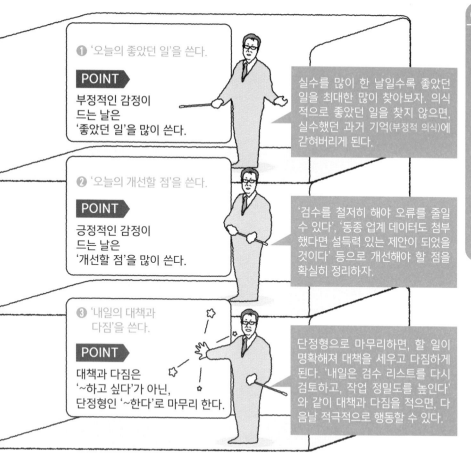

❶ '오늘의 좋았던 일'을 쓴다.

POINT

부정적인 감정이
드는 날은
'좋았던 일'을 많이 쓴다.

실수를 많이 한 날일수록 좋았던 일을 최대한 많이 찾아보자. 의식적으로 좋았던 일을 찾지 않으면, 실수했던 과거 기억(부정적 의식)에 갇혀버리게 된다.

❷ '오늘의 개선할 점'을 쓴다.

POINT

긍정적인 감정이
드는 날은
'개선할 점'을 많이 쓴다.

'검수를 철저히 해야 오류를 줄일 수 있다', '동종 업계 데이터도 첨부했다면 설득력 있는 제안이 되었을 것이다' 등으로 개선해야 할 점을 확실히 정리하자.

❸ '내일의 대책과
다짐'을 쓴다.

POINT

대책과 다짐은
'~하고 싶다'가 아닌,
단정형인 '~한다'로 마무리 한다.

단정형으로 마무리하면, 할 일이 명확해져 대책을 세우고 다짐하게 된다. '내일은 검수 리스트를 다시 검토하고, 작업 정밀도를 높인다'와 같이 대책과 다짐을 적으면, 다음날 적극적으로 행동할 수 있다.

08 설레는 미래를 상상한다

뇌를 설레게 하는 생각을 꾸준히 하면 습관화에 효과적이다.

뇌가 좋다고 판단한 일은 습관으로 정착될 수 있지만, 뇌가 싫다고 판단하면 습관화하기 어렵다. 그러니 뇌를 설레게 하는 생각을 습관화해 보자. 우리 뇌는 가만히 두면, 과거의 부정적인 기억을 검색하여 '할 수 없다'며 스스로 한계를 정하고, 행동 습관으로 이어지지 못하게 제동을 건다. 그러나 설레는 미래를 상상하게 되면 브레이크가 풀린다.

'나의 미래'를 구체적으로 상상하는 방법

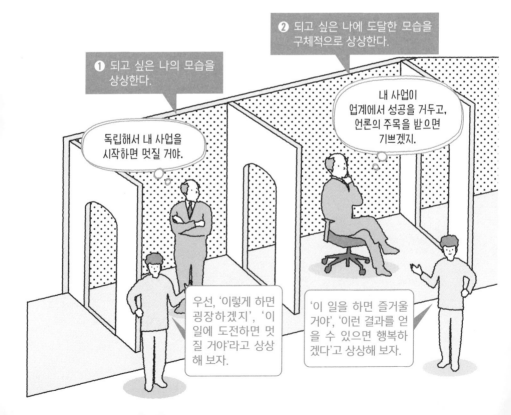

❶ 되고 싶은 나의 모습을 상상한다.

❷ 되고 싶은 나에 도달한 모습을 구체적으로 상상한다.

독립해서 내 사업을 시작하면 멋질 거야.

내 사업이 업계에서 성공을 거두고, 언론의 주목을 받으면 기쁘겠지.

우선, '이렇게 하면 굉장하겠지', '이 일에 도전하면 멋질 거야'라고 상상해 보자.

'이 일을 하면 즐거울 거야', '이런 결과를 얻을 수 있으면 행복하겠다'고 상상해 보자.

아직 꿈을 찾지 못했다면, 이미지 트레이닝을 해 보자. 어렵거나 복잡하지 않다. 아래 일러스트에서 제시하는 단계를 따라, 미래를 상상하면 된다. 아마도에서 시작하는 것이 핵심이다. 처음부터 '꼭 하고 싶다', '할 수 있다'고 생각하지 않아도 괜찮다. '해 보고 싶다', '할 수 있다면 정말 좋겠지'라고 상상하는 것부터 시작하면 그리 어렵지 않을 것이다.

09 미래를 시각화하고 이미지를 구체화한다

미래에 대한 연표와 일기를 작성하여 목표를 시각화하면 습관력을 강화할 수 있다.

　미래에 대한 설렘을 더 키우려면, 종이에 미래의 내 모습을 써 보는 것이 효과적이다. 종이에 적음으로써 미래를 시각화하고, 꿈을 이룬 내 모습을 구체적으로 상상해 보는 것이다. 이를 실행하는 방법으로 미래 연표 작성이 있다. '이렇게 되었으면 좋겠다'는 소망과 함께, 미래에서 현재 순으로 적는다. 미래의 내가 어떤 모습일지 연대순으로 시각화하면 이미지가 더욱 강렬해진다.

'미래 연표' 만드는 방법

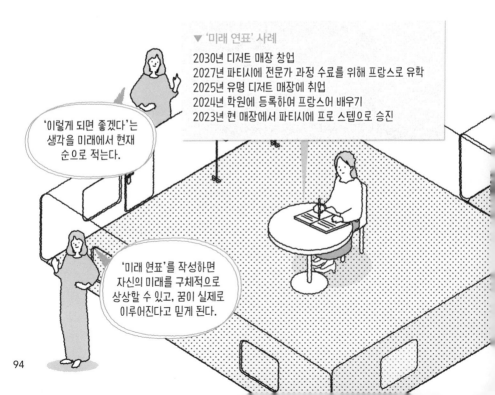

▼ '미래 연표' 사례

2030년 디저트 매장 창업
2027년 파티시에 전문가 과정 수료를 위해 프랑스로 유학
2025년 유명 디저트 매장에 취업
2024년 학원에 등록하여 프랑스어 배우기
2023년 현 매장에서 파티시에 프로 스텝으로 승진

'이렇게 되면 좋겠다'는 생각을 미래에서 현재 순으로 적는다.

'미래 연표'를 작성하면 자신의 미래를 구체적으로 상상할 수 있고, 꿈이 실제로 이루어진다고 믿게 된다.

'되고 싶은 나'에 도달했을 그날을 상상하며 써 보는 '미래 일기'도 추천한다. 이직을 꿈꾼다면, 목표한 회사에서 활약하는 나의 모습을 상상하고, 일어났음 직한 일을 구체적으로 적어본다. 그리고 눈에 잘 띄는 곳에 붙여두거나, 가지고 다니면서 수시로 읽어보자. 볼 때마다 이직에 성공한 나의 미래 이미지가 강하게 각인되므로 '나라면 할 수 있다'고 믿게 된다.

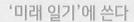
'미래 일기'에 쓴다

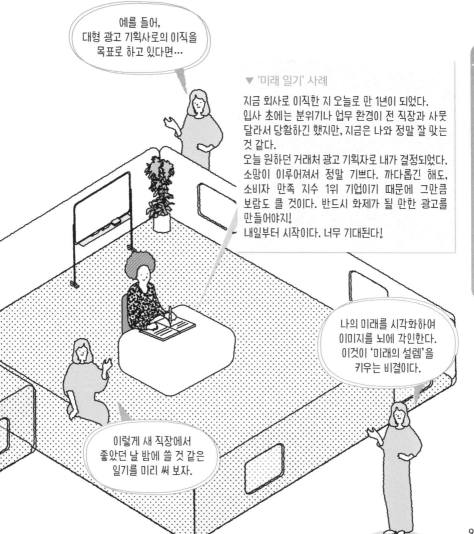

예를 들어,
대형 광고 기획사로의 이직을
목표로 하고 있다면…

▼ '미래 일기' 사례

지금 회사로 이직한 지 오늘로 만 1년이 되었다.
입사 초에는 분위기나 업무 환경이 전 직장과 사뭇
달라서 당황하긴 했지만, 지금은 나와 정말 잘 맞는
것 같다.
오늘 원하던 거래처 광고 기획자로 내가 결정되었다.
소망이 이루어져서 정말 기쁘다. 까다롭긴 해도,
소비자 만족 지수 1위 기업이기 때문에 그만큼
보람도 클 것이다. 반드시 화제가 될 만한 광고를
만들어야지!
내일부터 시작이다. 너무 기대된다!

나의 미래를 시각화하여
이미지를 뇌에 각인한다.
이것이 '미래의 설렘'을
키우는 비결이다.

이렇게 새 직장에서
좋았던 날 밤에 쓸 것 같은
일기를 미리 써 보자.

10 꿈과 목표가 없을 때의 대처법

이루고 싶은 꿈을 찾지 못했다면, '동경하는 사람'이나 '과거의 설렘'을 떠올려 보자.

지금까지 미래에 대한 꿈을 상상하고 설렘을 키우는 방법을 소개했다. 그러나 이루고 싶은 목표가 딱히 없고, 꿈을 찾지 못한 사람도 있을 것이다. 그렇다면 동경하는 사람을 찾아 보자. '나는 이렇게 되고 싶다'는 이미지가 없다면, '저 사람처럼 되고 싶다'는 동경에서 시작하는 것이다. 그 동경이 미래의 나를 이미지화하는 데 도움이 된다.

대처법 ① '동경하는 사람'을 찾아본다

설레는 미래를 찾을 수 있는 또 다른 방법이 있다. 바로 과거의 설렘을 떠올려보는 것이다. 미래에 대한 설렘이 없어도 과거를 돌이켜 보면, 가슴에 품었던 꿈, 유년 시절에 좋아했던 것, 즐거웠던 경험은 있기 마련이다. 그것들을 생각나는 대로 종이에 모두 적어보자. 그리고 자신에게 묻는다. '설렘을 느끼던 그때의 내가 지금의 나를 만난다면 어떤 말을 해 줄까?'

대처법 ② '과거의 설렘'을 떠올리다

11 미래의 꿈을 이야기할 수 있는 친구를 만든다

나의 꿈을 긍정해주는 친구를 소중히 여기자.
그렇지 않은 친구와의 교제는 습관화에 방해가 될 수 있다.

미래에 대한 설렘을 강화하는 또 다른 방법이 있다. 목표와 꿈에 대해 긍정적인 대화를 나눌 수 있는 친구를 곁에 두는 것이다. 내가 꿈과 미래에 대해 말했을 때, 친구가 "대단하다!", "너라면 할 수 있지!"라며 긍정적인 피드백을 주면, 뇌가 긍정적으로 강화된다. 나의 긍정적인 출력을 친구가 긍정적인 출력으로 돌려줌으로써 설렘이 몇 배로 커진다.

이런 친구를 곁에 두자

반면, 내가 긍정적인 출력을 했음에도 상대가 부정적인 출력으로 돌려주면 어떻게 될까? 친구가 나의 꿈에 대해 부정적으로 반응하며 "말도 안 되는 소리 한다. 불가능한 일이야.", "야, 제발 현실적으로 생각해라!"라고 말하면, 모처럼의 긍정적인 출력이 부정적인 출력에 의해 중단되고 만다. 그 결과, 낙심하고 의욕을 잃는 것은 당연하다. 만약, '힘들다', '어렵다', '할 수 없다', '불가능하다', '어차피 무리다'라며 부정적으로 말하는 친구라면 거리를 두는 편이 낫다.

12

긍정적인 생각이
'되고 싶은 나'를 만든다

좋은 의미에서 '뇌를 속이는 것'이 습관화의 열쇠이다.
'좋은 착각'이 인생을 성공으로 이끌 것이다.

이제, 인간의 뇌가 얼마나 쉽게 속는지 이미 눈치챘을 것이다. 그런데 잘 속는 뇌의 특성이 습관을 만드는 데는 매우 유용하다. 아무리 어려운 일이라도 뇌는 순순히 속아 주고 '나는 할 수 있다'고 확신한다. 이 '확신 습관'을 만들면 누구나 꿈을 이룰 수 있고, 성공할 수 있다.

'확신 습관'을 만드는 방법

'뇌는 쉽게 속는다'는 의미가 무엇일까? 정답은 '모든 것은 생각에 지나지 않는다'는 것이다. 우리는 착각에 의해 자기 자신을 만들어 가고 있다. 그렇다면 나쁜 착각보다 좋은 착각을 해야 행복해질 수 있다. 좋은 착각을 하는 습관을 양덕 착각 습관, 나쁜 착각을 하는 습관을 악덕 착각 습관이라 한다. 이 장에서 소개한 방법을 실천하여 양덕 착각 습관을 만들어 보자.

뇌를 속여 좋은 착각을 하자!

'단어 변환'(▶p.84)으로 뇌에 긍정적인 정보를 유도한다.

긍정적인 피드백을 주는 친구와의 교제를 소중히 한다(▶p.98).

지금부터 향상된다!

너라면 할 수 있어!

고민했던 문제의 해결책이 드디어 떠올랐다.

네, 해볼게요.

매일의 '좋았던 일'을 쓰기 시작한다(▶p.88).

'결정어'(▶p.82)를 미리 정해두고, 0.2초 만에 긍정적인 출력을 할 수 있도록 의식한다.

미래의 꿈을 구체적으로 상상한다(▶p.94).

3년 후에 자격증을 따고, 5년 후에 디저트 매장을 열거야!

뇌에 긍정적인 질문을 던지고 '나는 할 수 있다'는 좋은 착각을 한다.

몸짓과 표정으로 뇌를 긍정적 사고로 이끈다 (▶p.86).

Chapter **05**

'좋은 습관'을 만들고
'나쁜 습관'을 끊는법

'좋은 습관'을 정착시키고,
'나쁜 습관'을 제거함으로써 모든 것이
좋은 방향으로 움직이기 시작한다!

습관을 바꾸면 인생의 모든 것이 달라진다. 일, 공부, 인간관계 등
모든 것이 좋은 방향으로 움직이기 시작한다.
이 장에서는 주제별로 습관화를 성공시키는 포인트를 소개한다.

좋은 습관을
만드는 방법 ①　**일찍 일어나기**
▶나의 행동을 되짚어 본다

일찍 일어나는 습관을 들이고 싶다면,
먼저 사전 준비(▶p.62)로 '자는 시간'을 정하자.

　일찍 일어나는 습관을 들이고 싶다면, 먼저 '매일 아침 6시에 일어나기'
와 같이 기상 시간을 정하자. 너무 당연한 소리 같은가? 그런데, 일찍 일어
나지 못하는 사람들은 대부분 기상 목표 시간을 정확히 정의하지 않는다.
확실한 기상 시간을 정한 후에는 사전 단계인 취침 시간도 정해야 한다.

일찍 일어나는 습관을 만드는 방법

❶ 기상 시간을 정한다. ➡ ❷ 취침 시간을 정한다. ➡ ❸ 몇 시까지 목욕을 마칠까? ➡ ❹ 몇 시까지 저녁 식사를 마칠까? ➡ ❺ 몇 시까지 귀가할까?

한 단계씩 행동을 거슬러 올라가며 각각의 시간을 정하는 것이 중요하다.

습관은 '나와의 약속을 정하고 그대로 지키는 것'이다. 약속 내용을 최대한 구체적으로 정하는 것이 습관화의 핵심이다.

수면은 평소 생활 리듬이 중요하다. "내일은 중요한 일정이 있으니, 오늘
만은 잠을 푹 자고 내일 좋은 컨디션을 만들자."라고 결심해도 소용없다.
그만큼 잠은 시간보다 질이 더 중요하다. 잠들기 30분 전 준비가 수면의
질을 좌우한다. 30분 안에 잠이 들 수 있는 방법을 고안해 보자. 의식적으로
양질의 수면을 만들면 일찍 일어나는 습관의 성공률도 높아진다.

'양질의 수면'을 준비하는 방법

02 좋은 습관을
만드는 방법 ② **다이어트**
▶**성공 후 이미지를 상상한다**

다이어트를 시작할 때는 먼저 '되고 싶은 나'를 생각하고, 그 후에는 뇌에
긍정적인 질문을 한다.

다이어트를 계획하고 있다면 먼저 되고 싶은 나의 이미지를 명확히 한다
(▶p.40). Chapter 03에서 다뤘다시피(▶p.57), 단순히 '살 빼고 싶다'가 아니
라, '보디 프로필을 찍고 싶다', '어떤 옷을 입어도 맵시 좋다는 말을 듣고
싶다', '건강검진에서 이상 수치로 나온 항목을 정상 수치로 회복하고 싶
다' 등 구체적으로 상상하는 것이 중요하다.

먼저 '되고 싶은 나'의 모습을 선명하게 한다

그리고 '어떻게 다이어트에 성공했지?'처럼 뇌에 긍정적인 질문을 한다. 핵심은 다이어트에 이미 성공했다는 전제하에 질문하는 것이다. 뇌는 진실과 거짓을 구별하지 못하므로, 열심히 답을 생각한다. 그리고 '간식으로 과자 대신 야채를 먹었기 때문이다'와 같은 답을 내놓는다. 그 대답이 바로 '다이어트 성공하는 방법'이 된다.

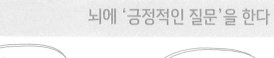

뇌에 '긍정적인 질문'을 한다

어떻게 다이어트에 성공했지?

이미 '성공했다'는 전제하에 뇌에 질문한다.

뇌는 진실과 거짓을 구별하지 못하기 때문에, 열심히 그 답을 생각해 낸다.

매일 8,000보 이상 걸었어.

그럼, 뇌는 예를 들어 이러한 답변을 내놓는다.

과자를 끊고 물을 많이 마셨어.

질문에 뇌가 알려준 답이 바로 '다이어트에 성공하는 방법'이다.

버스 대신 자전거를 타고 다녔어.

'되고 싶은 나의 이미지 + 뇌에 질문하기'는 다이어트를 지속하도록 돕는 든든한 아군이 된다.

03 좋은 습관을 만드는 방법 ③ **달리기**
▶**일단, 매일 밖으로 나간다**

달리기를 습관화할 때, 처음부터 높은 목표를 설정하면 안 된다.
'일단 밖으로 나가는' 습관을 들이도록 하자.

달리기를 습관화하는 핵심은 갑자기 높은 목표를 세우지 않는 것이다. 우선, 지금까지 달리는 습관이 없었다면, 달리기를 시작하기 전에 '일단 밖으로 나가기' 습관을 들여야 한다. 처음에는 '아침에 눈 뜨자마자 무조건 운동복을 입고 집 밖으로 나가기' 정도로 목표를 낮게 설정해도 된다. 매일 밖에 나가는 습관이 정착되면, 그 후에 달리기 목표를 세우면 된다. '힘들면 걸어도 OK'라고 문턱을 낮추자. 완벽주의는 절대 금물이다(▶p.58).

처음에는 목표를 낮게 설정하다

목표는 '매일 5km 달리기'처럼 거리로 정하지 말고, '매일 30분 달리기'처럼 시간으로 정해야 더 꾸준히 할 수 있다. 그래도 30분간 꾸준히 하기 어렵다면, 뇌에 소망 질문과 공포 질문을 해 보자. 뇌에 질문을 던짐으로써 '내가 어떻게 하고 싶은지'를 선명하게 그리는 것이 중요하다. 미래에 대한 이미지가 명확해지면 '나는 할 수 있다'는 확신이 생기고 꾸준히 하고 싶은 마음이 장기적으로 지속된다.

'소망 질문'과 '공포 질문'

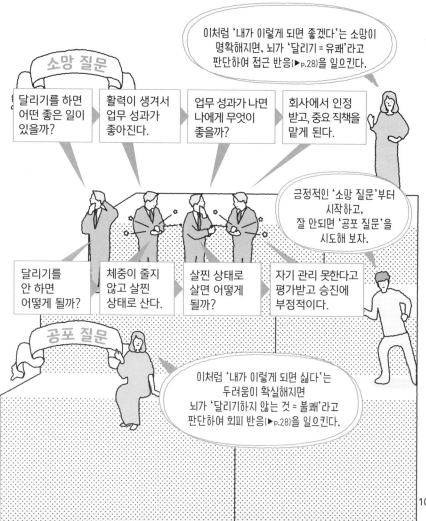

소망 질문

이처럼 '내가 이렇게 되면 좋겠다'는 소망이 명확해지면, 뇌가 '달리기 = 유쾌'라고 판단하여 접근 반응(▶p.28)을 일으킨다.

달리기를 하면 어떤 좋은 일이 있을까?

활력이 생겨서 업무 성과가 좋아진다.

업무 성과가 나면 나에게 무엇이 좋을까?

회사에서 인정 받고, 중요 직책을 맡게 된다.

긍정적인 '소망 질문'부터 시작하고, 잘 안되면 '공포 질문'을 시도해 보자.

달리기를 안 하면 어떻게 될까?

체중이 줄지 않고 살찐 상태로 산다.

살찐 상태로 살면 어떻게 될까?

자기 관리 못한다고 평가받고 승진에 부정적이다.

공포 질문

이처럼 '내가 이렇게 되면 싫다'는 두려움이 확실해지면 뇌가 '달리기하지 않는 것 = 불쾌'라고 판단하여 회피 반응(▶p.28)을 일으킨다.

04 좋은 습관을
만드는 방법 ④ **근육 트레이닝**
▶**조금씩 횟수를 늘린다**

처음에는 문턱을 최대한 낮추고 서서히 횟수를 늘려가야, 꾸준히 오래
할 수 있다.

근육 트레이닝 습관도 기본은 달리기와 같다. 갑자기 '매일 윗몸일으키기 30회'로 문턱을 높이지 말고, '윗몸일으키기 1회도 OK'라고 정하는 것이 요령이다. 처음부터 의무적으로 30회를 목표로 하면 부담이 생기고 어느 순간 회피 반응이 일어날 수 있다. 게임 감각을 도입하여 매일 1회씩 횟수를 늘리면, 30회를 달성한 날의 기쁨이 상당히 크다. 1회씩 향상된다는 설렘이 있으면 꾸준히 할 수 있다. 무리하지 말고 서서히 횟수를 늘려가자.

'무리하지 않는다'가 근육 트레이닝의 요령

최종 목표 횟수를 설정하여 오늘은 1회, 내일은 2회, 모레는 3회로 서서히 횟수를 늘리자.

GOOD
처음에는 1회도 OK.

NG
어제는 10회 했지만, 오늘은 컨디션이 좋으니까 30회 도전!

갑자기 횟수를 늘리면 역효과가 난다. 몸에 무리가 가고 허리나 어깨를 다쳐 중단하면, 다시 동기 부여하기 위해서 또 시간과 노력을 들여야 한다.

05

좋은 습관을
만드는 방법 ⑤

블로그·뉴스레터·SNS
▶좋은 글을 쓰려고 애쓰지 않는다

꾸준히 쓰지 못하는 이유는 좋은 글을 써야 한다고 생각하기 때문이다.
'뭐라도 좋으니 그냥 쓰자'고 생각해 보자.

현대인에게는 블로그, 뉴스레터, SNS 등이 일, 일상, 취미 등의 정보 공유 매체로 중요한 역할을 하고 있다. 그런데 막상 시작해 보면, 오래 하지 못하고 끝나는 경우가 많다. '잘 써야 한다'는 생각 때문이다. 꾸준히 글을 쓰고 싶다면, '아무거라도 그냥 쓰자'고 생각하자. '일단 한 줄이라도 쓰면 OK'라고 정하면 문턱이 낮아지고 무리 없이 계속 쓸 수 있게 된다.

'애쓰지 않는' 편이 오래 간다

블로그, 뉴스레터, SNS 등도
문턱을 낮추면 어렵지 않게
계속할 수 있게 된다.

떠오르는 소재가 없다면,
내가 좋아하는 것, 가족이나 친구,
반려동물 등에 관한 이야기를
꾸밈없이 솔직하게 써보자.

일단 한 줄이라도
쓰면 OK.

쓸거리가
없다….

'읽는 사람'을 의식하지 않고,
애쓰지 않는 것이
꾸준히 하는 핵심이다.

최근 소재가 부족하면,
유년기나 학창 시절 이야기를
담담하게 써도 괜찮다.

좋은 습관을
만드는 방법 ⑥ **일기**

▶최대한 문턱을 낮춘다

일기를 쓰는 습관이 정착되지 못한다면 '나를 위해서'가 아닌 '누군가를 위해서' 써 보자.

일기를 매일 쓰고 싶다면, 다른 습관과 마찬가지로 최대한 문턱을 낮춰 보자. '한 줄이라도 OK'라고 정하면 아무리 졸려도, 소재가 없어도 약속을 지킬 수 있다. 그래도 꾸준히 하지 못한다면 '나를 위해서'가 아닌, '언젠가 가족에게 보여주기 위해서', '소중한 사람에게 내가 어떤 사람인지 알려주기 위해서'와 같이 '누군가를 위해서' 쓰는 일기도 괜찮다.

어쨌든 '계속'하는 것이 중요하다

혼자 꾸준히 하기 어렵거나, 자꾸 부정적인 글을 쓰게 된다면, 긍정적인 친구와의 교환 일기를 추천한다. 매일 읽어 주는 사람이 있으면 꾸준히 쓰게 된다. 교환 일기는 부정적인 면보다 긍정적인 면에 초점을 맞추는 수신 습관을 키우는 데도 도움이 될 것이다. 기분이 우울할 때, 친구가 쓴 '내일은 다시 힘내자'와 같은 긍정적인 문장을 읽으면 긍정적인 입력을 할 수 있다. 그 글에 화답하듯 '나도 열심히 할게'라고 긍정적인 문장을 쓰면, 더욱 긍정적인 출력이 된다. 이 과정이 반복되면서 뇌는 긍정적으로 강화된다.

'교환 일기'의 장점

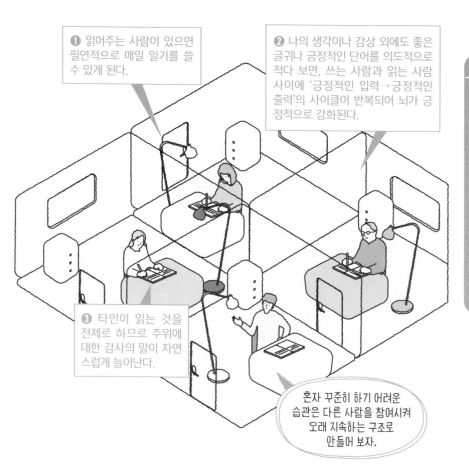

❶ 읽어주는 사람이 있으면 필연적으로 매일 일기를 쓸 수 있게 된다.

❷ 나의 생각이나 감상 외에도 좋은 글귀나 긍정적인 단어를 의도적으로 적다 보면, 쓰는 사람과 읽는 사람 사이에 '긍정적인 입력→긍정적인 출력'의 사이클이 반복되어 뇌가 긍정적으로 강화된다.

❸ 타인이 읽는 것을 전제로 하므로 주위에 대한 감사의 말이 자연스럽게 늘어난다.

혼자 꾸준히 하기 어려운 습관은 다른 사람을 참여시켜 오래 지속하는 구조로 만들어 보자.

07 좋은 습관을 만드는 방법 ⑦ **독서**
▶**매일 책을 펼친다**

독서 습관이 없는 사람은 일단 '매일 책 펼치는' 습관부터 시작함으로써 뇌에 성공 경험을 심어주자.

독서 습관을 기르고 싶다면, 매일 책을 펼치기로 나와 약속하자. 그동안 책을 펴는 습관조차 없었다면 먼저 문턱을 최대한 낮추는 것이 중요하다. 읽기 싫다면 책을 폈다가 바로 덮어도 된다. 책이 지루했거나, 내용을 이해하지 못했던 과거 기억이 있으면 뇌가 '독서 = 불쾌'로 판단하고 책 읽기를 싫어하게 된다. 따라서, 우선은 '독서 = 유쾌'로 연결하는 것이 중요하다. 책을 펼치는 것이 즐겁다고 생각하려면, 분야를 고민하지 말고 만화책, 잡지, 그림책도 모두 괜찮다.

우선은 '매일 책 펴기'를 습관화한다

114

책을 읽는 '시간'과 '장소'를 정하면, 독서 습관을 기르는 데 큰 도움이 된다. 일상 어디쯤에 '독서 시간'을 끼워 넣으면 꾸준히 하기 좋다. 이 경우, '사전 준비'(▶p.62)도 함께 의식하자. 만약 출퇴근 시간에 지하철 안에서 책을 펼친다면 '책을 가방에 넣는 행위'도 습관화해야 한다. 그럼 책을 집어 들고 펼치는 습관이 자연스럽게 생길 것이다.

시간과 장소를 정한다

매일 아침 출근 지하철 안에서 책을 편다.

독서를 습관화하려면 시간과 장소를 정하는 것이 좋다.

이 경우에는 사전 준비도 의식해야 한다.

사전 준비
책을 가방에 넣는다.

점심시간에 회사 책상에서 책을 편다.

집에서 소파에 앉아 책을 펼친다.

사전 준비
거실 테이블에 책을 놓아둔다.

책에 흥미가 없다면, 처음에는 만화책이나 그림책으로 시작해도 괜찮다.

만화책이나 그림책을 통해서 '책을 펼치는 것은 즐겁다'는 데이터를 뇌가 기억하면, 이후 소설이나 경제경영서, 교양서 등으로 분야가 바뀌어도 즐겁게 책을 펼칠 수 있게 된다.

좋은 습관을
만드는 방법 ⑧ **공부**

08

▶미래의 나에 대한 설렘

공부 습관을 기르고 싶다면, 먼저 '미래의 나'를 설레는 이미지로 그린다.

　입시를 앞둔 수험생들은 대부분 '어느 학교에 합격할 것인가'를 목표로 한다. 하지만 그것만으로는 길고 힘든 수험공부를 견딜 수 없다. '이 학교에 입학하면 어떻게 될까?'를 설레는 이미지로 그려보자. '이 학교에 입학해서 이렇게 하고 싶다!'는 마음이 강할수록 꾸준히 공부할 수 있다.

설레는 이미지로 미래의 나를 상상해본다

원하던 전공 공부에 몰두하고 있는 나

친구를 많이 사귀고 있는 나

동아리 활동으로 바쁜 나

수험공부를 습관화하고 싶다면, 나의 행복한 미래 모습을 구체적으로 상상해 보자.

소망이 강할수록 인내심도 커진다.

어학이나 자격증 공부도 마찬가지이다. 단지 '업무에 영어가 필요해서…', '외국계 기업으로 이직하고 싶어서…'와 같은 막연한 이유만으로는 오랜 시간 동안 꾸준히 하기 어렵다. 공부의 목적만 생각하지 말고, '내가 영어를 잘하면 어떤 재미있는 일이 벌어질까?'라며 구체적으로 상상하고, 설렘 가득한 소망을 크게 키워보자. 소망이 커지면 버티는 힘도 따라서 커지기 때문에 꿈을 향해 꾸준히 노력할 수 있다.

'어떤 즐거운 일이 있을까'를 이미지로 그린다

09

좋은 습관을
만드는 방법 ⑨　**청소**

▶**생각하지 말고 바로 행동에 옮긴다**

청소를 습관화하는 핵심 두 가지는 '바로 하기'와 '문턱 낮추기'이다.

　청소를 귀찮아하고 물건을 아무 데나 두는 사람은 뇌가 과거 기억을 토대로 '청소 = 귀찮고 불쾌하다'로 판단하고 회피 반응(▶p.28)을 일으키는 것이다. 청소를 습관화하고 싶다면, 뇌가 0.5초 만에 '청소하기 싫다'라는 부정적인 사고를 완성하지 못하도록, 즉시 행동에 옮겨야 한다. 귀가해서, '오늘 청소해야 하나?'라며 망설이고 있을 틈이 없다. 현관문을 열고 집에 들어가자마자 바로 청소를 시작하자.

청소를 습관화하는 요령

온 집 안을 깨끗이 청소한다고 생각하지 말고, '쓰레기 3개만 치우자, 청소기 5분만 돌리자'는 식으로 간단히 할 수 있는 일을 하자.

뇌가 '청소 = 불쾌'라고 판단하기 전에 귀가하자마자 바로 시작하자.

3개 치웠으니까 OK

❷ 문턱을 낮춘다.

❶ 현관문을 열고 들어가자마자 청소를 시작한다.

눈앞에 보이는 쓰레기 줍기, 청소기 꺼내기 등 무엇이라도 좋으니 바로 행동에 옮긴다. 이때 중요한 것은 '온 집 안을 깔끔하게 정리하자'고 생각하지 않는 것이다. 문턱을 높여 버리면, 이내 하기 싫어진다. 쓰레기 3개만 줍기, 청소기 5분만 돌리기 등 '간단하게 할 수 있는 일만 해도 OK'라고 정하자.

예를 들어, 창문 닦기가 귀찮으면 창문마다 이름을 붙여보자. 그럼 재미없는 작업도 즐거워진다.

사용한 물건은 그대로 두지 말고, 의식적으로 항상 제자리에 돌려놓자.

창식이가 예뻐졌네?

❹ 사용한 물건은 그냥 두지 말고 반드시 치운다.

❸ 뇌를 설레게 한다.

조금만 의식해도 집이 깨끗해질 뿐만 아니라, 결론적으로 좋은 습관도 생긴다.

긍정적인 입력으로 뇌에 즐거움을 주면 계속하게 하게 되고 청소의 장점을 즐기게 된다.

10 좋은 습관을 만드는 방법 ⑩ **저축**

▶계좌를 3개로 나눈다

저축을 습관화하려면, '생활비 통장', '목표 통장', '미래 통장'으로 나눠서 3개의 계좌를 만들자.

딱히 낭비하는 것도 아닌데, 돈을 모으지 못한다면, 계좌를 3개로 나눌 것을 추천한다. 매월 급여가 입금되는 생활비 통장, 특정한 목표를 위해 돈을 모으는 목표 통장, 오랫동안 찾지 않을 생각으로 모으는 미래 통장으로 구분하는 것이다. '여윳돈이 생기면 저축하겠다'는 식의 막연한 생각으로는 돈을 모을 수 없다. 통장에 이름을 붙여서 확실한 의미를 부여하면, 꾸준히 저축할 수 있다.

'3개의 계좌'를 만드는 의미

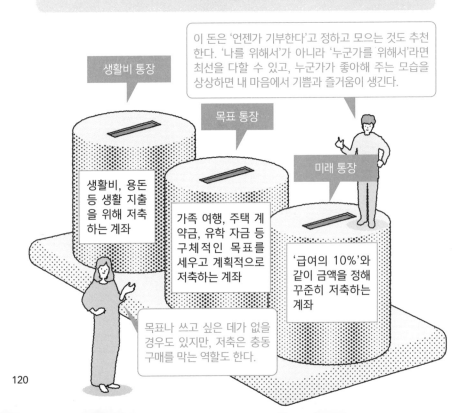

생활비 통장

목표 통장

미래 통장

이 돈은 '언젠가 기부한다'고 정하고 모으는 것도 추천한다. '나를 위해서'가 아니라 '누군가를 위해서'라면 최선을 다할 수 있고, 누군가가 좋아해 주는 모습을 상상하면 내 마음에서 기쁨과 즐거움이 생긴다.

생활비, 용돈 등 생활 지출을 위해 저축하는 계좌

가족 여행, 주택 계약금, 유학 자금 등 구체적인 목표를 세우고 계획적으로 저축하는 계좌

'급여의 10%'와 같이 금액을 정해 꾸준히 저축하는 계좌

목표나 쓰고 싶은 데가 없을 경우도 있지만, 저축은 충동구매를 막는 역할도 한다.

11

좋은 습관을
만드는 방법 ⑪ **가족**

▶감사의 마음을 전한다

가족 구성원들 간에 거리감이 있다면, 먼저 고맙다고 말하는 습관을
들이자.

우리는 무심코 가족이 해 주는 일을 '당연하다'고 생각하는 경향이 있다.
'아내가 가사와 육아를 책임지는 것은 당연하다', '남편이 월급을 벌어 오
는 것은 당연하다'는 사고에 익숙해져 버리면, 상대에 대한 고마운 마음이
퇴색하고, 사이가 멀어진다. 만약, '우리 집에도 그런 분위기가 감돈다'고
생각한다면, 오늘부터 가족에게 구체적으로 고마움을 전하는 습관을 들여
보자. 고마운 마음을 꾸준하게 표현하다 보면, 상대방으로부터도 고마운
마음이 돌아와 서로를 아끼게 된다.

매일 새로운 '고마움'을 꾸준히 전한다

단순히 '고맙다'고 말
할 것이 아니라 '무엇
에 대한 고마움'인지
구체적으로 전하면
상대가 더 감동한다.

일찍 일어나서
아침을 차려줘서
고마워.

이불 바꿔줘서
고마워.

목욕탕 청소해 줘서
고마워.

이 습관을 이어가면, 상대에게 감사의 마음이 전해
질뿐만 아니라, '내가 이렇게 많은 도움과 배려를
받고 있었구나'를 깨닫게 된다.

12

좋은 습관을
만드는 방법 ⑫ **육아**
▶**긍정적인 질문을 한다**

부모의 말이 자녀의 사고 습관을 형성한다.
항상 긍정적인 언어로 질문하도록 의식하자.

부모의 말과 표정, 태도 등이 자녀의 뇌에 입력되어 자녀의 사고 습관이
만들어진다. 부모가 습관적으로 아이에게 "똑바로 좀 해!"라며 다그치면,
아이에게 '나는 못 해'라는 생각이 각인된다. 그러니 자녀에게 "안 돼!"라
고 말할 상황이 닥치면, 의식적으로 "어떻게 하면 잘 될까?"라는 긍정적인
말로 바꿔서 물어보자. 그러면 아이의 뇌는 긍정적인 답변을 내놓기 위해
잘 되는 방법을 열심히 궁리하게 된다.

'공부해!'라는 말은 역효과를 낸다

공부하기 싫어하는 아이에게 '공부해!'라는 말로 억지로 시켜봤자 효과는 없다.

공부해!

하기 싫어!

아이가 공부하기 싫어하는 이유는 뇌에 '공부=불쾌'라는 과거 데이터가 있기 때문이다.

오늘도 성장하자.

응. 알았어.

엄마도 책 읽을 테니까, 같이 성장하자.

응.

부모가 행동으로 보여주는 것도 효과적이다.

'공부'를 '성장'이나 '향상'과 같은 긍정적인 단어로 대체하면 아이는 회피 반응을 일으키지 않는다.

13

좋은 습관을
만드는 방법 ⑬ **마음**

▶**긍정적인 면을 발견한다**

매일 '3가지 행복'을 노트에 기록하는 습관을 들이면,
어떤 상황이 닥쳐도 긍정적인 면을 찾을 수 있게 된다.

정신 건강 문제로 힘들어하는 사람이 점차 늘어나고 있다. 일이나 인간 관계에서 스트레스가 쌓이고 쌓여 급기야 마음에 병이 나는 것이다. 물론, 살면서 스트레스를 피하기는 어렵다. 마음을 건강하게 지키기 위해서는 Chapter 04에서 소개한 '출퇴근길의 기쁨', '직장의 즐거움', '가정의 행복'을 노트에 기록하는 습관(▶p.88)이 효과적이다. 이는 말하자면 '좋은 점 찾기' 습관이므로 어떤 상황에서도 긍정적인 면을 찾을 수 있다. 의식적으로 일상의 기쁨, 즐거움, 행복으로 눈을 돌려보자.

'좋은 점 찾기'를 습관화한다

좋은 습관을
만드는 방법 ⑭ **인간관계**

14

▶나를 먼저 바꾼다

인간관계를 개선하고 싶어도 상대방을 바꿀 수는 없다.
그러니 나의 말과 행동을 바꿀 수밖에 없다.

원만한 인간관계를 만들기 위해서는 '누군가를 위해서'를 생각하는 습관
이 필요하다. '어떻게 하면 상대방이 좋아할까?', '어떻게 하면 사람들에게
도움이 될까?'를 생각하다 보면, 자연스럽게 사람들에게 호감을 주는 말과
표정이 출력된다. 대표적인 말이 '고맙습니다'이다. "싫은 사람한테 어떻게
고맙다고 말해!"라며 거부감이 들 수도 있지만 내가 상대방을 바꿀 수는
없다. 인간관계를 개선하고 싶다면, 나의 말과 태도를 바꿀 수밖에 없다.

인간관계를 좋게 하는 습관

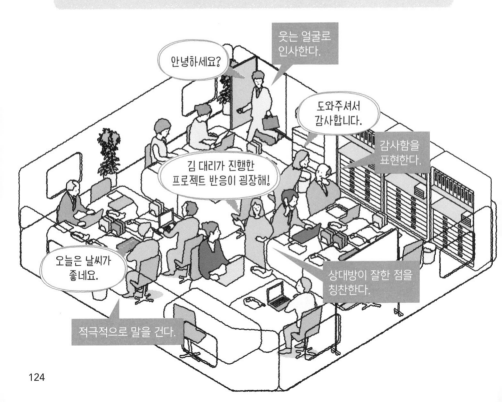

상대방을 싫어해 봐야 나에게 득이 될 것이 없다. 흠을 잡거나 험담하면 뇌 속에서 점점 부정적인 출력과 입력이 반복된다. 그 결과 알게 모르게 나의 말과 행동으로 드러나게 되고, 서로를 더 미워하게 될 뿐이다. 그렇다고 억지로 상대방을 좋아할 필요는 없다. '싫다'는 부정적인 생각을 멈출 수 없어도, 말, 표정, 행동으로 드러나는 출력을 긍정적으로 바꿀 수는 있다. 그것만으로 인간관계는 개선된다.

긍정적인 출력으로 인간관계를 개선할 수 있다

「좋은 습관」을 만들고 「나쁜 습관」을 끊는 법

좋은 습관을
만드는 방법 ⑮ **일**
▶**내일 일정을 확인한다**

일을 잘하는 사람 대부분은 당면한 과제뿐만 아니라,
항상 '사전 준비' (▶p.62)를 의식하는 습관이 있다.

일을 잘하고 싶다면 '사전 준비'를 항상 의식하자. 오전 업무에 전념하기 위해서는, 전날 밤에 미리 내일 일정을 확인하는 습관을 들이는 것이 좋다. 내일 할 일을 사전에 점검함으로써 효율적인 절차를 구상하고 원활하게 진행할 수 있다. 더욱이 뇌의 골든타임인 취침 10분 전에 내일 일정을 확인하면, 우뇌가 작동하여 미래 이미지를 생생하게 구상한다.

'사전 준비'를 의식하고 실행한다

'사전 준비'를 의식하면 다양한 분야에서 업무 품질과 속도가 향상된다. '퇴근 전에 내일 회의 자료를 미리 챙겨 놓는다', '내일 미팅 약속한 거래처 연락처를 정리해 둔다' 등 업무 종류에 상관없이, 다음 날 일을 원활하게 진행하기 위해서는 준비할 것들이 많다. 업무 품질과 속도를 높이기 위해 내가 할 수 있는 '사전 준비'를 생각하고 실천하자.

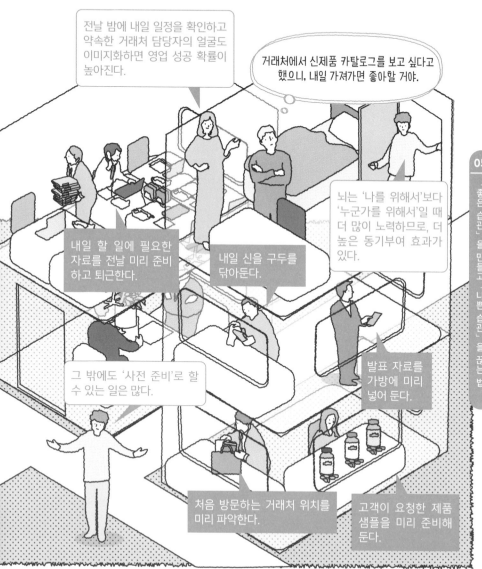

좋은 습관을 만드는 방법 ⑯ 부하 직원 육성
▶상대방의 두뇌 활동을 촉진한다

부하 직원에게 부정적인 출력만 하면 성장하지 못한다. 항상 긍정적인 출력을 명심하면 부하 직원뿐만 아니라 팀 전원이 분발하게 된다.

부하 직원의 성장을 독려하고 동기 부여하려면 상대의 두뇌 활동을 촉진하는 노력이 필요하다. 뇌의 특성상, '그래야 하니까'라는 이유만으로는 꾸준히 할 수 없다. '즐겁다'는 생각이 들어야 계속할 수 있다. 따라서 부하 직원에게 일을 가르칠 때는 "이 일은 이렇게 해."라며 지시만 할 것이 아니라, '일의 즐거움'을 깨닫게 해 줘야 한다.

부하 직원에게 '일의 즐거움'을 가르친다

혹시, 무의식중에 부하 직원에게 질책이나 훈계 등의 부정적인 출력을 하고 있는지 돌아보자. 나의 부정적인 출력은 그대로 부하 직원에게 입력되어 "나는 할 수 없어.", "나는 능력이 없어."라며 부정적으로 수신된다. 부하 직원을 성장시키고 싶다면, 상사인 내가 먼저 칭찬과 격려의 말을 건네며 긍정적인 출력을 하도록 유의하자.

부하 직원을 칭찬하는 올바른 방법

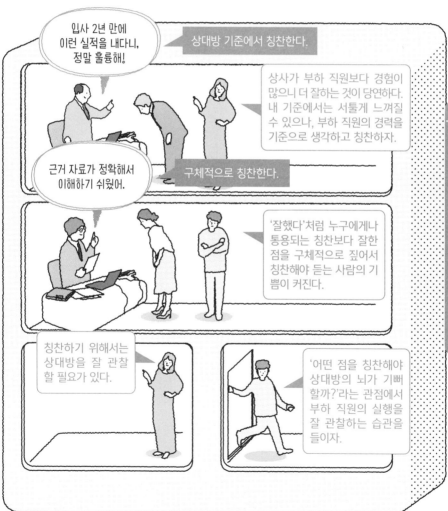

입사 2년 만에 이런 실적을 내다니, 정말 훌륭해!

상대방 기준에서 칭찬한다.

상사가 부하 직원보다 경험이 많으니 더 잘하는 것이 당연하다. 내 기준에서는 서툴게 느껴질 수 있으나, 부하 직원의 경력을 기준으로 생각하고 칭찬하자.

근거 자료가 정확해서 이해하기 쉬웠어.

구체적으로 칭찬한다.

'잘했다'처럼 누구에게나 통용되는 칭찬보다 잘한 점을 구체적으로 짚어서 칭찬해야 듣는 사람의 기쁨이 커진다.

칭찬하기 위해서는 상대방을 잘 관찰할 필요가 있다.

'어떤 점을 칭찬해야 상대방의 뇌가 기뻐할까?'라는 관점에서 부하 직원의 실행을 잘 관찰하는 습관을 들이자.

17 좋은 습관을 만드는 방법 ⑰ **영업·판매**

▶**생각을 출력한다**

영업과 판매의 기본은 신뢰와 보답이다.
여기에 노력이 더해지면 주변 사람들을 끌어당기게 된다.

영업과 판매 분야에서 매출 성과가 높은 사람들은 거의 예외 없이 '자사 제품에 대한 신뢰'와 '회사에 보답하고 싶은 마음'을 가지고 있다. '내가 판매하는 제품은 세상에 도움이 된다'는 믿음과 동료에게 감사하는 마음을 가지고 있다면, 경력이나 능력과 관계없이 누구라도 영업 실적을 향상시킬 수 있다. 반면 매출 성과가 오르지 않는 사람은 '할당량이 있으니 팔아야 한다'며 영업을 의무로 생각한다.

판매 실적이 높은 사람과 낮은 사람의 차이점

영업 관련자로서 매출 증대를 위해 해야 할 일 중 하나는 고객 평가와 반응을 회사에 피드백하고, "시장에 이런 의견이 있으니 개선을 검토해 주십시오."라고 개발 부서와 제조사에서 제안하는 것이다. 그러려면 회사에서 인정하는 사람이 되어야 한다. 먼저, 맡은 업무에 최선을 다하자. 그 후에 말과 행동으로 자신의 의견을 출력하면, 주변 사람들의 협력과 지원을 끌어낼 수 있다.

18 나쁜 습관을
끊는 방법 ① **흡연·음주**
▶뇌에 '불쾌함'을 만든다

흡연과 음주 습관은 몸에 해롭다는 것을 알면서도 좀처럼 끊을 수가 없다.
끊고 싶다면 뇌에 '불쾌' 데이터를 각인하자.

금연이 어려운 이유는 뇌가 '흡연 = 유쾌'라는 접근 반응(▶p.28)을 일으
키고 있기 때문이다. 따라서 흡연하고 싶다는 생각이 들 때, 담배를 바로
입에 물지 말고 잠시 멈춘다. 시간 차를 둠으로써 '흡연하고 싶다'는 생각
이 행동으로 즉시 연결되는 것을 막는다. 담배를 피웠다면, "맛없어!"라고
소리 내어 말한다. 이렇게 뇌에 '흡연 = 불쾌' 데이터를 입력하면 뇌는 서서
히 흡연에 대한 회피 반응(▶p.28)을 일으키게 된다.

'부정적인 출력'을 한다

흡연과 음주를 멈출 수 없는 것은
뇌가 '흡연 = 유쾌', '음주 = 유쾌'라는
접근 반응을 일으키고 있기 때문이다.

금연, 금주를 하고 싶다면
뇌가 '흡연 = 불쾌', '음주 = 불쾌'라는
회피 반응을 일으키도록 말과 행동으로
부정적인 출력을 하자.

일부러 기침한다.

콜록콜록

의도적으로 '몸에 나쁘다'고
생각하도록 출력한다.

아~ 맛없어.

간에 안 좋아.

일부러 "맛없다!"라고 말한다.

금주하고 싶을 때도 마찬가지이다. 뇌가 '술은 맛없다', '술은 몸에 해롭다'고 믿도록 말과 행동으로 출력하면 뇌가 음주에 대해 회피 반응을 일으킨다. 끊는다는 것은 '오늘도 담배를 피우지 않았다', '오늘도 술을 마시지 않았다'는 상태를 계속 이어간다는 의미이다. '오늘도 안 했어'를 습관화하고 꾸준히 지키는 것이 중요함을 명심하자.

'오늘도 안 했어'를 습관화한다

19 나쁜 습관을 끊는 방법 ② **도박**

▶자신에게 질문한다

도박을 하면 결국 돈을 잃는다는 것을 알면서도 그만둘 수가 없다.
하지만 소중한 무엇이 있다는 것을 잊어서는 안 된다.

　도박을 끊고 싶다면 공포 질문이 효과적이다. "인터넷 도박을 계속하면, 어떻게 되는가?"라고 자기 자신에게 묻는다. 그러면 "가족과 함께할 시간이 없어진다."는 식의 답이 나올 것이다. "가족이 함께할 시간이 없으면 어떻게 되는가?"라고 물으면, "가족 간의 대화가 사라지고, 최악의 경우 가족이 해체될 수도 있다."라는 답이 나온다. 도박을 멀리하려면, 자문자답을 통해, 소중한 것이 무엇인지를 스스로 깨닫는 것이 중요하다.

'소망 질문'도 효과적이다

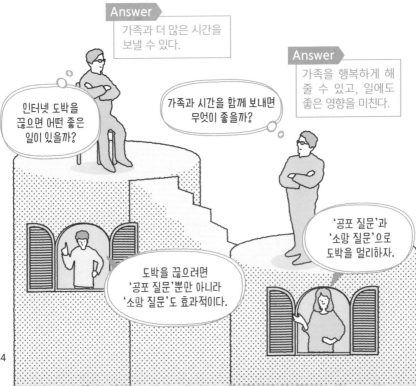

Answer
가족과 더 많은 시간을 보낼 수 있다.

Answer
가족을 행복하게 해 줄 수 있고, 일에도 좋은 영향을 미친다.

인터넷 도박을 끊으면 어떤 좋은 일이 있을까?

가족과 시간을 함께 보내면 무엇이 좋을까?

'공포 질문'과 '소망 질문'으로 도박을 멀리하자.

도박을 끊으려면 '공포 질문'뿐만 아니라 '소망 질문'도 효과적이다.

20

나쁜 습관을
끊는 방법 ③ **과식**

▶말과 표정을 바꾼다

과식하는 습관을 끊고 싶다면 말과 표정으로 뇌에 '회피 반응'(▶p.28)을
일으키자.

과식을 피하고 싶다면, 눈앞의 음식에 뇌가 회피하고 싶어지는 이름을
붙인다. 예를 들어, 케이크를 먹을 때는 "지금부터 당질과 지방 덩어리를
먹자!"라고 말하는 것이다. 이런 식으로 꾸준히 하다 보면, 뇌가 회피 반응
을 일으키고 과식에 브레이크가 걸린다. 또 하나, 표정으로도 브레이크를
걸 수 있다. 단 것을 삼가고 싶다면, 단것을 먹을 때 의도적으로 시무룩한
표정을 짓는다. 그러면 뇌가 '단 것 = 불쾌'라고 생각하게 된다.

말과 표정으로 뇌에 브레이크를 건다

21

나쁜 습관을
끊는 방법 ④

게임·SNS·동영상 시청
▶다른 습관을 만든다

의미 있는 시간을 서서히 빼앗아 가는 게임, SNS, 동영상 시청을 멈추고
싶다면 호칭을 바꿔 보자.

게임·SNS·동영상 시청을 멈추고 싶다면, 호칭을 바꾸는 것이 효과적이
다. 예를 들어, 게임은 '유치한 놀이', SNS나 동영상 시청을 '시간 도둑'으
로 바꿔보면 어떨까? 게임은 하고 싶어도 유치한 놀이를 하고 싶은 사람은
별로 없을 것이다. 이처럼 뇌가 '회피 반응'(▶p.28)을 일으키는 호칭으로
바꾸면, 점차 게임·SNS·동영상 시청 등으로부터 거리를 두게 된다.

뇌에 '회피 반응'을 유발하는 호칭으로 대체한다

게임
⬇
유치한 놀이

SNS
⬇
시간 도둑

동영상
⬇
미래를 착취하는
프로그램

하고 싶지
않아……

게임·SNS·동영상 시청 등을 멈추고 싶다면, 다른 습관으로 대체하는 방법을 추천한다. 지하철에서 무심코 스마트 폰으로 동영상 혹은 SNS를 보거나 게임을 해왔다면, 스마트폰으로 '전자책 읽기', '외국어 공부하기' 등의 새로운 습관을 시작해 보자. 그럼 게임을 하거나 동영상을 볼 틈이 없어진다. 시간을 허비하는 습관을 버리고, 시간을 의미 있게 활용하는 습관으로 진화하는 것이다.

게임·SNS·동영상 시청 대신에 할 일을 정한다

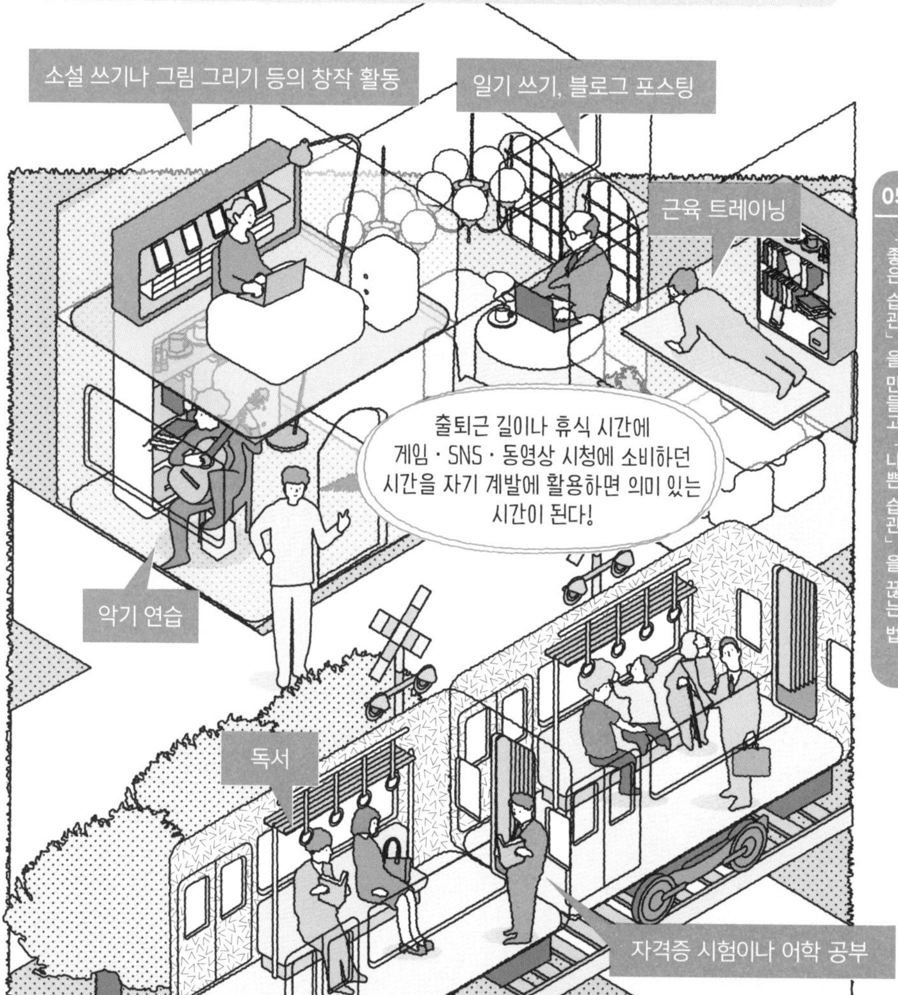

소설 쓰기나 그림 그리기 등의 창작 활동

일기 쓰기, 블로그 포스팅

근육 트레이닝

출퇴근 길이나 휴식 시간에 게임 · SNS · 동영상 시청에 소비하던 시간을 자기 계발에 활용하면 의미 있는 시간이 된다!

악기 연습

독서

자격증 시험이나 어학 공부

22 나쁜 습관을
끊는 방법 ⑤ **쇼핑**
▶**극단적으로 참지 않는다**

쇼핑에 의존하면, 가계 경제가 무너질 수도 있다.
나에게 '질문 하기'로 불필요한 쇼핑에서 벗어나자.

'쇼핑 중독'이란 말이 있을 정도로 한 번 빠지면 헤어나지 못하는 골치 아픈 습관이 바로 불필요한 쇼핑이다. 쇼핑은 생활에 필요한 활동이지만, 그 때문에 '필요한 쇼핑'과 '불필요한 쇼핑'을 구분하기 어렵다는 문제도 있다. 먼저 공포 질문과 소망 질문(▶p.109, 134)으로 불필요한 쇼핑을 줄여 보자.

'공포 질문'과 '소망 질문'(쇼핑ver.)

불필요한 쇼핑을
계속하면 어떻게 될까?

Answer
가계 경제에 압박이 생기고, 자녀 학비와 노후 자금이 부족해진다.

불필요한 쇼핑을
그만두면 어떻게 될까?

Answer
가계 경제에 여유가 생기고 가족의 미래에 대한 걱정이 줄어든다.

가계 경제나 미래에 대한 걱정이 줄어들면 어떻게 될까?

자녀 학비와 노후 자금이 부족해지면 어떻게 될까?

**공포
질문**

**소망
질문**

Answer
가족관계가 나빠지고 최악의 상황에는 이혼이나 가족이 해체될 위험도 있다.

Answer
가족을 행복하게 해 줄 수 있고, 내 마음도 평온해진다.

불필요한 쇼핑을 줄이는 또 하나의 방법이 있다. 가계부 쓰기를 습관화
해서 '내가 어디에 돈을 얼마나 쓰는지'를 파악하는 것이다. 그리고 저축
습관을 만들면, '쇼핑하는 기쁨'을 '돈이 모이는 기쁨'으로 바꿀 수 있다.
그렇다고 극단적으로 쇼핑을 줄이면, 오히려 스트레스 지수가 높아질 수
있다. 처음부터 문턱을 높여 극단적으로 참지 말고, 적당히 즐기면서 점차
불필요한 쇼핑을 줄여 나가자.

불필요한 쇼핑을 줄이는 방법

꾸준히 저축한다.
조금씩이라도 매달 저축하는
습관을 들이고, '쇼핑하는 기
쁨'을 '돈이 모이는 기쁨'으
로 바꾼다.

매일 가계부를 쓴다.
수입과 지출의 균형을
파악함으로써 충동적인
쇼핑을 줄일 수 있다.

**쇼핑 사이트에 접속하지
않는다.**
과거 검색 기록을 토대로
관련 제품을 노출하는 광
고는 불필요한 쇼핑의 원
인 중 하나! 쇼핑 사이트
에 접속하지 않는 것이 최
선의 방어책이다.

신용카드를 쓰지 않는다.
신용카드는 현금에 비해,
지출을 파악하기 어렵기
때문에 불필요한 쇼핑으
로 이어지는 원인이 된다.

극단적으로 참지 않는다.
처음부터 문턱을 높이면
습관으로 이어질 수 없다.
적당한 쇼핑은 허락하자.

인생이 달라지는
습관의 기술

미래가 어떻게 될지는 아무도 모른다.
그러니 고민하지 말고, 설레고 긍정적인
미래를 상상하자.

사람마다 느끼는 방식(수신 습관)과 생각하는 방식(사고 습관)이
다르며, 이는 습관 형성에 중요한 요소이다. '습관'을 더 나은
방향으로 인도함으로써 나의 일상과 인생이 크게 달라진다.
진짜 습관화는 여기서부터 시작된다.

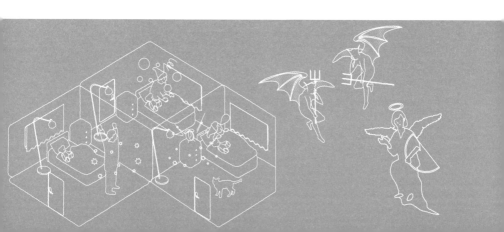

01 저 사람이 할 수 있으면, 나도 할 수 있다

'나는 남과 다르다'는 생각도 물론 좋지만, '나와 남을 비교'하는 것도 나의 발전에 도움이 된다.

타인과 나를 비교하다 보면, 질투심이 생기거나 적대감이 들기도 하고, 열등감 때문에 마음이 괴로워질 수 있어서 권장하지 않는다. 하지만 나의 발전을 위해서 타인과 비교하는 것이라면, 비교의 차원을 대범하게 키워 보자. 성공한 사람들은 매우 객관적인 방식으로 자신과 타인을 비교한다. 그리고 '그 사람이 해 냈다면 나도 할 수 있다'고 생각한다.

'좋은 수신 습관'과 '나쁜 수신 습관'

저 사람은 좋겠다.
나는 도저히 못 할 것 같아.

저 사람이 해 냈다면,
나도 해낼 수 있어.

성공한 사람

나쁜 수신 습관

좋은 수신 습관

계속해서 부정적인 수신(나쁜 수신 습관)을 하다 보면
'나는 그렇게까지 해서 성공하고 싶지는 않아'라는
패배주의적 합리화를 하게 된다.

142

더 나아가, "저 사람은 어떻게 해 냈을까? 내가 할 수 있는 부분을 찾아 일단 따라 해보자!"라고 결심하고 즉시 실행한다. 내가 할 수 있는 일, 내가 꼭 해야 할 일을 판단한 후, 무작정 해 보는 것이다. 누군가를 따라잡거나 앞지르기 위한 노력이 아니다. 나의 나약함에 활력을 불어넣고 '저 사람이 해 냈으면, 나도 할 수 있다!'는 마음으로 분발하는 것이다.

타인은 나를 분발하게 하는 존재이다

시간

정보

자산

지위

자원

경험

인맥

어떻게 하면 될까?
우선 내가 할 수 있는
일을 따라 해보자.

성공한 사람

타인을 상대로 이기고 지는
차원이 아니다. 성공한 사람은
나를 분발하게 해주는 존재라고
여기는 것이다.

02 긍정적 수신과 호의적 수신

입력되는 정보를 긍정적이고 호의적으로 변환하면 뇌에 긍정적인
사고가 입력된다.

앞서 강조했다시피, 어떤 일을 꾸준히 하기 위해서는 뇌가 긍정적으로 사고하도록 유도해야 한다. 긍정적으로 수신하면 긍정적인 사고로 직결되므로 습관화에 효율적이다. 입력된 정보를 모두 긍정적으로 수신하는 것은 그리 어렵지 않다. 모든 사건을 긍정적으로 받아들이기만 하면 된다. 위기로 판단되는 상황이라면, '기회'라는 말을 사용함으로써 뇌에 긍정적인 자극을 주고 개선책을 도모하는 방향으로 전환하는 것이다.

'긍정적 수신'을 통해 다음 단계로 나아간다

부정적 수신

긍정적 수신

자네 실수 때문에 고객이 화가 났다고? 거액의 클라이언트를 잃게 될 판이야! 어떻게 할 거야!!

실수의 원인을 철저히 밝혀내고, 다시는 같은 일이 일어나지 않도록 업무 개선에 도움을 주겠네!

위기를 분노와 불만으로 수신하는 사람은 '남 탓'으로 돌리고 자신은 반성하지 않으므로 같은 실수를 반복한다.

'위기는 일종의 계기'라며 긍정적으로 보는 사람은, 책임감 있게 상황을 분석하고 반성하므로 다음 단계로 나아갈 수 있다.

모든 사건을 호의적으로 파악하고 다음 단계로 나아가면 위기는 기회로 바뀐다.

인간관계에서도 상대방의 말과 행동을 호의적으로 받아들이는 호의적 수신이 필요하다. 설령 상대방의 말과 행동이 내 마음에 들지 않아도, 내가 상대방의 생각까지는 알 수 없다. 의도했건 의도하지 않았건, 상대방의 말과 행동을 통해 중요한 깨달음을 얻을 수도 있다. 일단 타인의 말을 호의적으로 받아들이면, 모든 상황을 발전적인 방향으로 나아가게 할 수 있다. 그리고 그 과정에서 스스로 진화하고 성장할 것이다.

타인과의 만남은 또 다른 나와의 만남이다

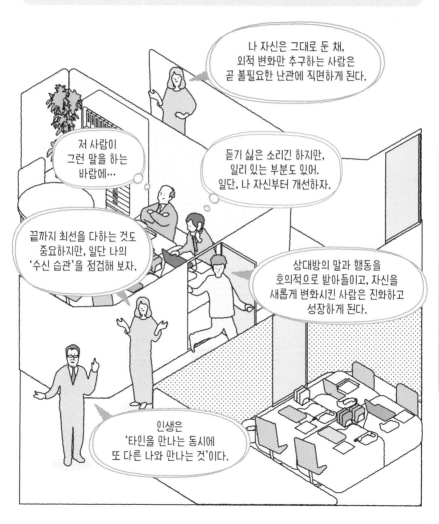

03 긍정적 착각이 미래를 결정한다

미래는 아무도 모른다. 미래를 부정하든 긍정하든 둘 다 착각일 뿐이다.

성공한 사람들에게는 공통적인 특징이 있다. 그들은 원하던 것를 얻고, 되고 싶은 바를 이뤄낸 미래 이미지가 명확할 뿐만 아니라, 반드시 그렇게 될 수밖에 없다는 '이상한 확신'을 가지고 있다. 즉, 긍정적인 착각을 하는 것이다. 지금부터 우리도 그들처럼 '근거 없는 자신감'을 가져 보자.

어차피 모두 '착각'일 뿐이다

내가 상상한 미래는 어차피 모두 '착각'이다. 한계를 넘지 못하는 미래를 상상하면 부정적인 착각이 되고, 설레는 미래를 상상하면 긍정적인 착각이 된다. 어차피 착각이라면 설레는 미래가 훨씬 즐겁고 희망적이다. 아침에 잠에서 깨면, 잠시 누워서 미소 지으며, 미래의 내 모습을 구체적으로 상상하자. 계속하다 보면, 되고 싶은 나의 모습이 명확해져 간다. 어차피 착각이라면, 매우 긍정적인 미래를 상상해 보자.

매일 아침 '나는 할 수 있다!'고 입력한다

❸ 되고 싶은 내 모습이 명확해지면, '무엇을 위해 오늘 아침에 눈을 떴는지(잠에서 깬 이유)' 깨닫게 된다.

두근두근

되고 싶은 나

❷ 매일 아침 상상하다 보면, 되고 싶은 내 모습이 명확해진다.

쿠울 쿠울

오늘이 모여, 반드시 되고 싶은 내가 될 거야!

❶ 아침에 눈을 뜨면 이불 속에서 설렘을 안고 미래의 내 모습을 상상한다.

음냐 음냐

되고 싶은 내 모습을 선명하게 시각화하면, 어떤 어려움이 닥쳐도 긍정적으로 수신할 수 있게 된다.

'타인'이 아닌 '과거의 나'와 비교한다

타인과 나의 승패에 집착하는 것은 별 의미가 없다.
그보다 과거의 나와 현재의 나를 비교하자.

앞서 '나의 발전을 위해서라면, 타인과 비교하는 것도 도움이 된다'고 했지만, 승패에 연연하거나 비교해도 어찌할 도리가 없는 것을 비교할 수는 없다. 지금 내가 비교하거나 경쟁하는 사람이 있다고 가정해 보자. 상대는 과연 나와 같은 조건일까? 출생 및 성장환경, 태도 및 처세 등 여러 조건이 다름에도, 같은 선상에 놓고 비교하고 경쟁하다 보면, 지레 지쳐서 침울해지거나 마음의 상처를 입을 수도 있다. 이는 나에게 결코 이롭지 못하다.

비교해도 방법이 없다면, 비교하지 않는다

그러니 같은 조건에 있는 대상과 비교하자. 바로 과거의 나와 현재의 나이다. 1년 전의 나와 현재의 나를 비교하여 어떤 진보와 성장이 있었는지, 혹은 어제의 나를 조금이라도 뛰어넘기 위해 오늘 무엇을 할 수 있을지를 생각한다. 승부를 내고 싶다면 과거의 나를 현재의 내가 이겼다고 말할 수 있도록 노력해 보자.

과거의 나와 비교해서 이긴다

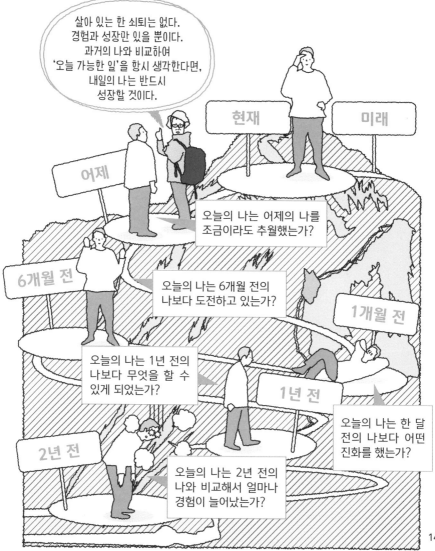

살아 있는 한 쇠퇴는 없다. 경험과 성장만 있을 뿐이다. 과거의 나와 비교하여 '오늘 가능한 일'을 항시 생각한다면, 내일의 나는 반드시 성장할 것이다.

현재

미래

어제

오늘의 나는 어제의 나를 조금이라도 추월했는가?

6개월 전

오늘의 나는 6개월 전의 나보다 도전하고 있는가?

1개월 전

오늘의 나는 1년 전의 나보다 무엇을 할 수 있게 되었는가?

1년 전

오늘의 나는 한 달 전의 나보다 어떤 진화를 했는가?

2년 전

오늘의 나는 2년 전의 나와 비교해서 얼마나 경험이 늘어났는가?

05 '허풍'을 계속 떨면 '진짜'가 된다

확신으로 바뀔 때까지 계속해서 '허풍'을 떨다 보면,
'되고 싶은 나'에게 점차 가까워 진다.

"허풍을 떨자!"고 권하면, "지금 나한테 거짓말하라는 거야?"라며 거부
감이 들 수도 있다. 하지만 걱정할 필요 없다. 허풍은 실제보다 과장해서
말하는 것이고, 거짓말은 사실이 아닌 것을 사실로 믿게 만드는 것이다. 예
를 들어, 연봉 5,000만 원인 사람이 "내 연봉은 1억이야."라고 말하면, 거짓
말이다. 하지만 "나는 창업해서, 5년 후에 연 매출 50억 이상 달성할 거야."
라고 말하면 미래에 대한 기대를 말한 것이므로 거짓말이 아니다.

'허풍'과 '거짓'은 다르다

거짓말은 사실이 아닌 것을
사실로 믿게 만드는 것이다.

우리 회사는 실적이 좋습니다.
국내 유수의 대기업들과도
거래하고 있으니 믿고 맡겨 주세요.

허풍은 실제보다
과장해서 말하는 것이다.

우리 회사는 5년 후에
전국적으로 공급망을
확장합니다!

'허풍'과 '거짓말'은 다르다. 허풍은
현재를 인정하고 미래를 기대하는
말이므로 내가 원하는 대로 말하면
된다.

현재의 나를 기준으로 생각하면, "그렇게 과장해서 단언하기에는 자신 없다."고 말할 수도 있다. 그러나 목표를 향해 도전해 보지 않는 한, 할 수 있을지 없을지는 모른다. '허풍을 떤다'는 말의 의미는 미래의 내가 이루고 싶은 것을 수치화하여 단언하는 것을 말한다. 성공한 사람들은 허풍을 떠는 동시에 어떻게 하면 그렇게 될 수 있을지를 항상 생각한다.

평생 계속해서 '허풍'을 떨어보자

허풍을 떠는 건 좋은데 몇 년 안에 실현하지 못하면 거짓 말쟁이가 되는 거 아니야?

허풍을 계속 떨지 않으면 세월이 흐르면서 자신의 허풍을 잊고 어느새 포기하게 된다.

1년 후에 내 사업을 시작하고, 5년 후에 연 매출 50억 달성!

허풍을 계속 떠는 사람의 뇌는 자신의 허풍을 향해 목표를 설정하고, 무작정 직진한다.

허풍을 꾸준히 반복하면, 뇌에 '이것은 중요한 일'로 각인된다. 그것이 자신을 분발하게 하고 주변 사람들에게도 영감을 준다.

06 하루의 시작과 끝에 하는 자기 암시 습관

잠들기 직전, 깨어난 직후에 긍정적인 말로 뇌를 설레게 만들어 보자.

하루를 마치고 잠들기 전에 긍정 확언을 하는 것이 중요하다. 우리의 현재 의식은 깨어 있을 때가 ON 상태이고, 자고 있을 때는 OFF 된다. 반면, 잠재의식은 항상 ON 상태이다. 따라서 긍정 확언으로 하루를 마무리하면, 잠자는 동안 뇌 속으로 긍정적 사고가 침투한다. 특이하게도 뇌는 현실과 상상한 이미지를 구별하지 못한다. 자기 전, 긍정 확언을 하고 그 이미지를 그대로 간직한 채 잠이 들면, 잠자는 동안 긍정적인 사고가 잠재의식으로 스며들어 퍼져나간다.

긍정적인 이미지를 잠재의식에 침투시킨다

오늘은 아주 좋은 날이었어. 내일은 더 멋진 날이 될 거야.

내일도 모든 일이 순조롭게 풀릴 거야. 감사합니다.

내일도 굉장한 하루가 될 거야.

사실, "오늘은 멋진 날이었다."라고 말할 수 없을 때도 있다. 그런 날도 긍정 확언을 하고 잠이 들면, 긍정적인 이미지의 기억이 잠재의식 속으로 침투한다.

아침에 눈을 떠서 현재 의식의 스위치가 ON 되는 순간, 가장 먼저 하는 말 또한 중요하다. 먼저 "오늘도 멋진 하루가 시작된다!"라고 긍정 확언을 하자. 이어서 다음이 중요하다. 침대에 누운 채로 "나는 가족과 주변 사람들에게 가치 있는 일을 하기 위해 오늘도 깨어났다!"라며 내가 무엇을 위해 잠에서 깨어났는지 매일 확언 하고 일과를 시작한다. 자신만의 설레는 확언으로 자기 암시함으로써 두뇌를 설레게 해 보자.

'나는 무엇을 위해 깨어났는지' 확인한다

아침에 잠에서 깨어 현재 의식의 스위치가 ON 되는 순간, 긍정 확언을 하자.

오늘도 멋진 하루의 시작이야.

오늘도 최고의 하루가 시작되었어.

그리고 일어난 직후, 내가 '무엇을 위해 깨어났는지' 확언하는 습관을 들이자.

우리나라 경제 발전을 위해 나는 오늘도 잠에서 깬다.

사회에 공헌하기 위해 나는 오늘도 잠에서 깬다.

잠들기 직전에 긍정 확언으로 마무리하기, 깨어난 직후에 긍정 확언으로 시작하기를 세트로 습관화하면 훨씬 효과적이다.

07 '할 수 없는 이유'보다 '할 수 있는 방법'을 생각한다

불평한다고 달라지는 것은 없다. 그 대신 '나는 어떻게 하고 싶은가?', '내가 무엇을 하면 가능해질까?'를 묻는다.

늘 불평·불만을 안고 사는 사람들은 처지, 회사, 경기, 정치 등을 탓하며 '안 되는 이유', '할 수 없는 이유'에 초점을 맞추고, 무의미한 핑계를 댄다. 핑계와 불평을 늘어놓아 봐야 타인과 사회를 바꿀 수는 없다. 차라리 나를 바꾸는 편이 훨씬 건설적이다.

'안 되는 이유'에 대해 생각해 봐야 아무 의미 없다

일이 잘 풀리지 않고 길을 잃었다고 느껴지는 날이 누구에게나 있기 마련이다. 그럴 때는 반드시 '나는 어떻게 하고 싶은가?', '내가 어떻게 하면, 좋아질까?'라고 자문해 보자. 일이 잘 풀릴 때도 마찬가지로 '어떻게 하면 더 좋아질까?'라고 자문한다. 이것만으로도 인생의 성과가 크게 달라진다.

자기 자신에게 묻는다

08 모든 일에 '진심'을 다한다

모든 일에 '진심'을 다하면, 점차 즐거워지고, 자연스럽게 주변에 사람들이 모여든다.

나 스스로 일을 즐기기 위해서도, 타인의 신뢰를 얻기 위해서도 모든 일에 진심으로 임하는 것이 중요하다. 목표를 달성하기 위해 진심으로 몰두하는 사람들에게는 '① 스스로 결정한다, ② 결정한 일을 꾸준히 한다, ③ 즐기는 마음으로 몰입한다'는 3가지 특징이 있다. 그리고 ①~③의 상태에 도달하면, 주변에 사람들이 저절로 모이게 된다.

모든 일에 '진심으로 임하는 사람'의 3가지 특징

지금 할 수 없으면 환경이 바뀌어도 할 수 없다. 불평하기 전에, 먼저 내가 직면한 일에 몰두하고 즐거워질 때까지 꾸준히 해 보자.

타인의 눈치를 보며 우유부단하게 굴면, 자신도 즐기지 못할 뿐만 아니라 결과적으로 주위에 폐를 끼치게 된다.

좋아, 해 보자!

❶ 스스로 결정한다
타인이 제안하거나 의뢰한 일이라도 실행은 내가 결정한다. 하기 싫으면 단호히 거절하자.

스스로 결정하고, 꾸준히 하며, 즐기는 마음으로 몰입하다 보면, "내가 참여할 일은 없을까?", "잘 될 것 같아, 응원할게."라며 주변에 사람들이 모인다. 할지 말지에 대한 결정은 나의 몫이다. 타인에게 의사결정을 맡기지 말고 내가 결정한다는 의식을 습관화하자. 그리고 결정한 일에 대해서는 의심하지 말고 계속 밀고 나간다. 포기하지 않고 꾸준히 하다 보면, 반드시 성공할 것이다.

나도 참여하고 싶어.

몰두할수록 일이 즐거워지고, 주변에 사람들도 모이네.

❸ 즐기는 마음으로 몰입한다
비록 하기 싫은 일이라도, 해내다 보면 좋아하는 일로 바뀐다. 진심으로 몰두하다 보면 주변 평가와 신용도 높아진다.

하기로 결정한 이상 계속한다!

매일 내가 직면한 과제에 몰입한다. 꾸준히 반복하는 것이 중요하다.

❷ 결정한 일을 꾸준히 한다
일단 하기로 결정했다면, 의심하지 말고 꾸준히 한다. 중도에 포기하지 않고 끝까지 밀고 나가는 것이 성공의 비결이다.

결정을 내리기 위해서는 '나는 반드시 성공한다'고 확신하는 것이 중요하다.

09 '불가능하다'고 말하는 순간, 기회는 사라진다

인생에서 가장 중요한 것 중 하나가 도전이다.
'불가능'하다는 말은 그 기회를 너무 쉽게 빼앗아버린다.

세상에는 물리적으로 불가능한 일들이 많다. 아무런 장치 없이 하늘을 자유롭게 나는 것은 불가능하다. 하지만 '50대 무렵에는 경비행기를 직접 조종해서 하늘을 날고 싶다'는 꿈은 어떨까? 재정, 면허 취득 등 다양한 과제와 어려움이 예상되지만, 물리적으로 불가능하지는 않다.

'불가능하다'고 판단하기 전에 '가능한 방법'을 생각한다

'불가능하다'고 단정하기 전에, '정말 물리적으로 불가능한 일이 맞을까?'라고 생각하는 습관을 들인다.

불가능하다고 말하자마자 모처럼의 기회는 사라진다. 당연히 진화도 성장도 기대할 수 없다.

어차피 불가능해.

어려운 과제에 직면했을 때, 바로 불가능하다고 판단하지 말자. '이 조건에서는 불가능하지만, 이렇게 하면 될 가능성도 있다'는 식으로 '어떻게 하면 가능해질까?'도 동시에 생각한다. 예를 들어, 업무가 추진되기 어려운 상황에 부닥쳤을 때, 인력, 비용, 정보, 시간, 설비 등에 대해 지금 보유한 자원과 부족한 자원 그리고 미래에 필요한 자원으로 분리해서 생각하다 보면, 문제 해결의 실마리를 찾을 수 있다.

누구나 '되고 싶은 나'에 도달할 수 있다. 더 정확히 말하면, 나의 미래는 나의 상상에서 벗어나지 못한다. 먼저 나의 뇌가 '할 수 있다'고 믿게 한 후, 무조건 실행으로 나아가면 된다.

업계에 혁명을 일으키는 사업가가 될 거야!

가능하다면 그렇게 되고 싶다….

처음부터 불가능하다고 말해 버리면 뇌도 불가능하다고 생각한다. '되고 싶은 나'의 이미지를 선명하게 하여 눈앞의 기회를 놓치지 말자.

'가능하다면 하고 싶다'는 식의 애매한 소망만 있다면, 어려움과 고난이 닥치자마자 포기해버리고 만다. 현재의 나를 기준으로 삼지 말고, 미래의 '되고 싶은 나'에 초점을 맞추자.

Habit for
Successful
VISUAL NOTES

Chapter 07

일이 잘 풀리는
습관의 기술

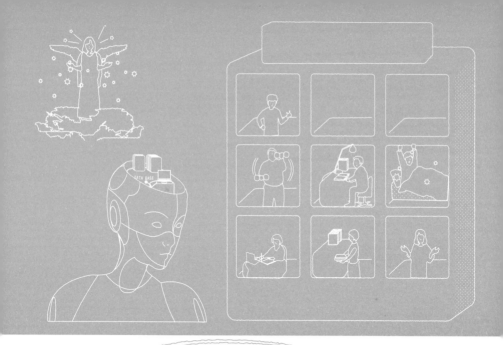

'타인에게 공헌하는 마음', '빠른 결정과 실행력'
'신뢰할 수 있는 동지와의 연대'
일에서 성공하려면 이 3가지가 꼭 필요하다.

일이 인생의 전부는 아니다. 그러나 인생의 성공과 실패를
판단하는 대표적인 기준이 일인 것도 사실이다.
이 장에서는 일을 성공으로 이끄는 사고와 행동 습관 기술을 설명한다.

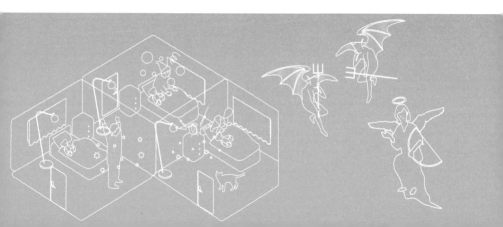

01 '이득'보다 '공헌'을 생각한다

내가 이득을 얻은 이유는 다른 사람이 기꺼이 주었기 때문이다.
내가 고객에게 주는 가치가 내가 받는 가치임을 기억하자.

성공한 사람들은 '이득'보다 '공헌'의 가치를 중시한다. 물론 처음에는 '어떻게 하면 돈을 벌 수 있을까?'라는 고민에서 출발하지만, 시간이 흘러 경험이 쌓이면, 고객이 만족하지 않으면 수익을 키울 수 없음을 알게 된다. 비즈니스는 가치와 가치의 교환이며, 고객에게 제공하는 가치가 내가 받는 가치라는 사실을 깨닫게 되는 것이다. 그 결과 '어떻게 하면 돈을 많이 벌 수 있을까?'에서 '어떻게 하면 많은 사람에게 공헌할 수 있을까?'로 관점이 이동하게 된다.

이익 추구 사고의 폐해

파나소닉의 창업주이자 자수성가의 대표적 인물로 꼽히는 마쓰시타 고노스케는 "세상에 공헌한 가치의 10%는 자신에게 돌아온다."고 말했다. 즉, 타인과 타사에 대한 공헌이 클수록 결과적으로 나와 자사의 이익도 커진다. 만약 지금 월급이 적다고 느낀다면, '회사에 대한 나의 기여도가 곧 나의 월급'이라는 발상으로, '어떻게 하면 회사나 팀에 더 기여할 수 있을까?'를 먼저 생각하고 실천해 보자.

'공헌의 가치'를 항상 생각한다.

163

02

우유부단은
잘못된 결정보다 나쁘다

먼저 첫발을 내딛는 것이 중요하다. 뒷일은 달리면서 생각하자.

비즈니스에서는 고객의 돈보다 고객의 시간을 더 소중하게 여겨야 한다.
제품을 포함해서 더 나은 가치 제공이 모든 판단의 기준이며, 고객이 소중
한 시간을 할애하고 있다는 사고가 가치 판단의 근간에 있는 이상, 신속하
게 결정해야 한다. 우유부단은 잘못된 결정보다 나쁘다. 물론 용기가 필요
하지만, 결과가 어떻든 스스로 의사결정하고 결단을 내리는 것이 아무 결
정도 하지 않는 것보다 훨씬 낫다.

'고객의 시간 확보'를 중요하게 여긴다

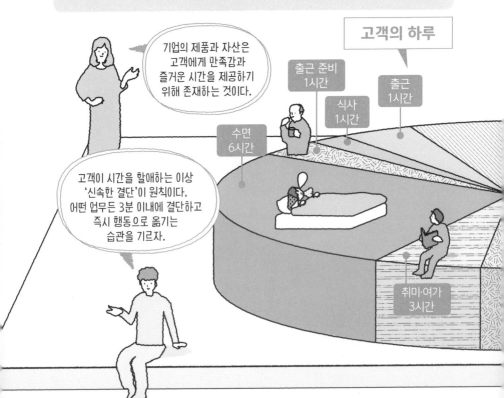

일에 있어서는 앞서 나가는 기세가 필요하다. 꼼꼼한 준비보다 빠른 속도가 중요하다는 의미이다. 성공한 사람 중 상당수는 부족하고 서툴러도 누구보다 빨리 첫발을 내디뎠다. 처음부터 완벽함을 지향하면 두려움에 사로잡혀 결코 첫발을 내디딜 수 없다. 그렇다고 매사에 제대로 된 준비 없이 맹목적으로 도전하라는 말이 아니다. 일단 첫발부터 내딛고 나서, 가능한 한 최선의 준비를 하면 된다. 나머지는 달리면서 생각하자. 기동성 있게 완성도를 높여 가는 것이다.

03 누구와 무엇을 함께 하느냐에 따라 인생이 결정된다

인맥은 단지 '발이 넓다', '아는 사람이 많다'의 차원이 아니다.
깊은 관계로 연결된 '동지'가 얼마나 되느냐가 중요하다.

인맥은 단순한 인간관계가 아니라, 강한 신뢰를 기반으로 한 인간관계를 말한다. 인맥을 맺은 사람들이 서로의 정보에 얼마나 가깝게 접근할 수 있는지가 중요하다. 인간관계의 깊이는 '지인 → 친구 → 동료 → 동지' 순으로 발전한다. 동종업계에 종사하지 않거나 일과 무관한 분야에 있더라도, 같은 목적을 가지고 뜻을 함께하며, 신뢰를 바탕으로 깊은 관계를 맺을 수 있는 '동지'가 진정한 인맥이다.

'누구와 함께 무엇을 할까?'가 중요하다

누구와 함께 무엇을 배울까?,
누구에게 배울까?

누구와 함께 무엇을
목표로 하고 있는가?

누구와 함께 무엇을 어떻게
실현해갈 것인가?

대다수의 성공한 사람에게는
'스승'으로 우러러보는 존재가 있다.
동일인을 스승으로 삼는 사람들은
단번에 지인에서 동지로 발전한다.

인생은 누구를 만나서 무엇을 함께 하느냐에 따라 결정된다. 작고 쉬운 목표는 꾸준히 하면 혼자도 달성할 수 있지만, 크고 높은 목표는 혼자만의 힘으로 달성할 수 없다. 타인, 동종업계 동료, 지역 공동체 주민, 더 나아가 국가를 위한 활동에 적극적으로 참여하자. 인간은 자신보다 타인을 위해 일할 때 훨씬 큰 힘을 발휘한다. 그 놀라운 의외의 힘이 곧 나의 '능력'이 된다.

나의 기준뿐만 아니라 주위 사람들과 함께 '높은 곳'을 목표로 천천히 나아가다 보면 결국 높은 곳'에 도달할 수 있다.

지침이란 '누군가의 삶의 방식에서 감명받다'는 의미이다. 지침이 되는 인생 스승이나 선배로부터 인간적인 연마를 배워보자.

❸ 지침을 주는 사람으로부터 배우고 있는가?

❹ 주위의 동지, 스승, 선배들과 함께 목표를 공유하고 있는가?

❷ 성공한 사람들과 교류하고 있는가?

❶ 인생 선배에게 배우고 있는가?

동종 업계를 포함하여 교육 기관, 사적 모임 등에서 성공한 사람들과 교류하다 보면 나를 향상시킬 수 있다.

학교나 직장 선배뿐만 아니라, 부모님이나 선생님도 인생 선배이다.

감명 깊은 상대를 만났다면 철저히 모델링하여 나의 발전에 활용하자.

04 '만남'이 인생을 바꾼다

타인의 인생관에서 영향을 받아, 나의 인생이 크게 달라지기도 한다.
의미 있는 만남을 더 많이 추구하자.

교세라의 창업자 이나모리 가즈오는 "그 사람의 생각×열의×능력이 일의 결과와 인생을 결정한다."라고 말했다. 그리고 타인과의 만남은 나의 '생각, 열의, 능력'을 단련해 준다. 만남에는 두 종류가 있다. 부모 자식 관계나 교사 학생 관계처럼 선택할 수 없는 만남이 있고, 인생 스승이나 친구, 동료처럼 선택할 수 있는 만남이 있다. 나의 선택 여부를 떠나, 내가 맺은 모든 만남에 감사하는 태도를 지니도록 마음을 강화할 필요가 있다.

누구의 인생관에서 영향을 받았는지에 따라 인생이 결정된다

▶ 두 종류의 '만남'이 있다

타인의 인생관에서 영향을 받아 인생이 달라지기도 한다. 깊은 감명을 준 책의 저자를 세미나나 강연, 인맥을 통해 대면하는 것도 좋은 방법이다. 또한, 밝고 건강하며 솔직한 사람들과 교제할 것을 권한다. 그들과 의미 있는 만남을 지속하려면, 나 역시 밝고 건강하며 솔직한 사람이 되어야 한다. 나에게 긍정적인 태도와 좋은 영향을 준 사람을 인생의 '스승'으로 여기는 마음을 지니면, 더욱 멋진 인연을 맺게 될 것이다.

▶타인의 인생관은 나에게 중요한 영향을 미친다

나에게 감명을 준 인생관을 가진 상대와 무엇을 함께 했는가?

보답하기 위해 어떤 노력을 했는가?

언제, 누구를 만났는가?

무엇을 느꼈는가? 무엇을 배웠는가?

누구와 친구가 되는가는 앞으로의 만남이 좋을지, 나쁠지를 결정하는 열쇠이다. 또한, 내가 배운 것을 계속 실천하고, 돌아보며 연마하다 보면 비로소 '스승'으로 삼을 수 있는 사람을 만나게 된다.

'나의 본연의 태도가 만남의 질을 결정한다'는 것을 명심하자.

내가 선택할 수 있는 만남

친구

동료

스승

나의 선택 여부보다 중요한 것은 내가 어떻게 받아들이냐이다. 상대방을 어떻게 바라볼지는 내가 결정하는 것이다.

05

사람들에게 보이는
내 모습에 신경 쓴다

패션은 나의 이미지를 전달하는 수단이다.
패션이 좋으면 마음도 저절로 좋아진다.

성공한 사람 중에는 멋쟁이가 많다. '자기 이미지'를 만드는 수단 중 하나가 패션이기 때문이다. 자기 이미지란, 5년 후, 10년 후에 되고 싶은 나의 모습이다. 여기서 말하는 패션에는 옷뿐만 아니라 표정과 태도도 포함된다. 즉, '나를 어떻게 보여줄 것인가'에 신경 쓰는 것이다. 아무래도 좋은 옷을 입으면 기분이 좋아지고, 기분이 좋으면 자연스럽게 좋은 태도를 취하게 된다.

'사람들에게 보이는 내 모습'을 의식한다

▶ '4 + 4 = 8' 포인트를 의식하자

❶ 항상 '어떻게 보여질까'를 의식한다.

❸ 항상 '어떻게 보게 할까'를 의식한다.

❶ 복장

❷ 자세

❸ 표정

❹ 행동

❷ 항상 '어떻게 볼까'를 의식한다.

❹ 항상 '어떻게 매료시킬까'를 의식한다.

거울에 비친 내 모습이 어두워 보인다면 미소 짓는 연습을 하자.

170

머리끝에서 발끝까지 명품 브랜드로 휘감아야 멋쟁이가 아니다. 타인이 나를 어떻게 느끼는지가 중요하다. 평판이 좋으면, 좋은 기회를 잡는데 여러모로 이롭다. 그러니 나를 향한 좋은 평판을 상상하며 패션에 신경을 써 보자. 또 하나, 수시로 거울을 보자. 마음 상태는 표정과 자세로 드러나기 마련이며, 타인에게 다양한 영향을 미친다. 거울을 통해 나의 마음 상태를 수시로 체크하고, 미소를 지으며 의식적으로 좋은 기분을 만들어 보자.

패션은 '자기 이미지'를 만드는 것

171

06 '자기 칭찬'으로 나를 높인다

반성도 중요한 습관이지만, '자기 칭찬'으로도 나를 높일 수 있다.

나의 성장을 스스로 칭찬하고 있는가? 혹시, 부족하고 아쉬운 부분에 초점을 맞추고 있지는 않은가? 나의 성장을 스스로 칭찬해야 자기긍정감이 높아지고, "나는 성장하고 있다!"는 자기만족감도 커진다. 물론 반성도 중요한 습관이지만, 자기 칭찬 역시 중요한 습관이다. "칭찬할 만큼 잘하고 있는 것 같지는 않은데…."라며 자신에게 인색할 필요 없다. 칭찬의 내용에 상응하도록 꾸준히 나아가면 된다.

'자기 칭찬'을 습관화한다

나의 능력을 한층 더 발전시키려면, '내가 점점 성장하고 있다'고 자각하는 것이 중요하다.

나는 어제보다 발전했다.

오늘 하루 동안 또 한 단계 성장했다!

자기 칭찬을 잘하는 사람은 타인에 대한 칭찬에도 능숙하다.

07 상대에게 양보하고 다음을 기약한다

무조건 승리에만 집착하지 말고, 때로는 한발 물러서서 상대에게 승리를 양보하는 것도 중요하다.

대의적 성공을 위해, 눈앞의 승패에 집착하지 않고, 한발 물러서 승리를 양보하고, 타인의 기쁨을 함께 즐기는 여유도 필요하다. 줄다리기로 가정하면, 무조건 끌려오기만 하는 상대는 즐거움을 느낄 수 없다. 상대가 당기는 줄에 내가 끌려가 주기도 해야 한다. 그래야 다음 판에서 서로 기쁘게 결과에 만족할 수 있고, 나에게 좋은 평판과 동지가 되어 돌아온다. 그 상대가 바로 고객이고 부하이자 종업원이며, 동업자와 가족이다.

내 앞에 있는 사람을 기쁘게 한다

'이익을 위해 손해를 감수하라'는 의미가 아니다. 단순하게 주변 사람들을 기쁘게 해 줄 수 있는 발상과 마음의 여유가 중요하다는 뜻이다.

눈앞의 승패에 집착하면…

돈은 있는데, 동료가 없어…

내가 어려워지자마자 다들 떠나 버렸어…

지금 이겼다고 다음에도 이긴다는 보장은 없다.

우리는 서로 양보하는 미덕을 배워 왔다. 일터와 일상에서도 양보를 통해 기쁨을 나누고 서로 믿는 관계를 맺어 보자.

08 돈은 '버는 방법'보다 '쓰는 방법'이 더 중요하다

성공한 사람들은 돈을 쓸 때 5가지 효용을 생각한다.

성공한 사람들은 돈 버는 법보다 돈 쓰는 법이 더 중요하다고 믿는다. 또한, 그들은 돈을 쓸 때, 항상 5가지 효용을 따진다. 최소한의 필요 비용인 소비, 불필요한 지출인 낭비, 미래의 나를 위해 사용하는 투자, 목표를 위해 계획적으로 저축하는 목표 저축, 그달의 잉여 자금을 모으는 일시적 저축이다.

5가지 효용을 따져 돈을 쓰는 방법

174

'5가지 효용' 중 가장 중요한 것이 '투자'이다. '지금으로도 충분하다'고 느끼고 있다면, 의미 부여에서 투자 항목을 삭제해도 무방하다. 그러나 더 성장하고, 발전하고 싶다면, 나를 위해 투자해야 한다. 지금보다 풍요로운 미래를 위해 투자가 필요함을 자각하고, 꾸준히 해 나가는 사람들은 확실히 '긍정적인 변화'가 생긴다. 지금부터라도 지출 관리 능력과 금전 감각은 확실히 익히자.

돈을 쓰는 '5가지 효용'의 상관관계

돈을 쓰는 5가지 효용은 상호 영향을 주는 관계이다.

투자×낭비

유료 세미나, 도서 구입 등 내 미래를 위해 사용하는 돈은 '투자'이다. 하지만 책이나 세미나의 감동에서만 끝나고 실천으로 이어지지 않으면 이는 '낭비'이다.

소비×낭비

저녁에 맥주 한 캔 마시기로 정했다면, '내일을 위한 활력'으로서는 일종의 '소비'지만, '한 캔 더', '한 캔 더'로 늘어나면 '낭비'가 된다.

한 캔 더

조만간 읽자….

목표 저축×소비×낭비

창업 비용, 자격증 취득 비용 등 명확한 사용 목적이 있다면 이를 위해 매월 저축할 금액을 정하고, 나의 소비 행태를 점검해 보자. 만약 불필요한 소비 활동이 있었다면 낭비이다.

어떤 소비를 줄일 수 있을지 생각해 보자.

일시적 적축

일시적 저축의 적정선은 개별 소득이 다르므로 일률적으로 정하기 어렵지만, '적은 돈이 쌓여서 미래에 큰 차이를 만든다'는 인식을 심어두자.

푼돈을 비웃는 자는 푼돈에 울게 된다.

09 시간을 조종하는 힘을 키운다

늘 시간이 부족하다고 느낀다면 '무엇을 할까?', '어떻게 할까?'를
생각하기 전에 '어떻게 시간을 확보할까?'부터 생각하자.

시간을 낭비하지 않고 알차게 쓰기 위해서는 평소에 '유효 시간'과 '낭비
시간'을 자각하며 생활할 필요가 있다. 낭비 시간 목록을 만들면, 일상에
서 내가 허투루 버리는 시간이 얼마나 되는지 시각화할 수 있다. 목록을 기
록할 때, 낭비한 시간을 분석하고 눈에 띄는 색깔 펜(빨간 펜)으로 대책도
함께 적는 것이 중요하다. 일과를 마치고 잠자리에 들기 전, 현재 의식이
OFF 되기 직전에 하면 뇌에 바로 입력된다.

'낭비 시간 목록'과 '대책' 사례

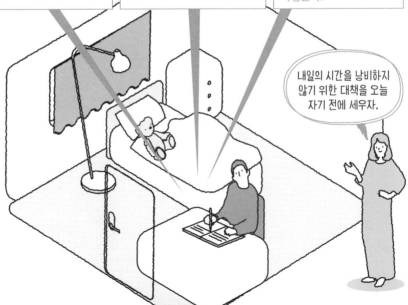

습관적으로 TV를 켜고
멍하니 보았다.
▶내일은 귀가하자마자
TV를 바로 켜지 않는다.

업무 관련 메일을 체크하다,
SNS를 1시간 넘게 봤다.
▶메일 회신을 먼저 한 후,
SNS 앱은 터치하지 않는다.

거절해도 되는 술자리에
참석하여 술을 마셨다.
▶내일 자기 전까지 미래
과업 우선순위 리스트를
작성한다.

내일의 시간을 낭비하지
않기 위한 대책을 오늘
자기 전에 세우자.

시간 관리를 잘하는 사람은 기본적으로 '무엇을 할까?', '어떻게 할까?'를 계획하기 전에, '어떻게 시간을 확보할까?'를 먼저 고민한다. 얼마나 자기 시간을 확보할 수 있을지는 시간 조달 능력에 달려있다. 일과 시간을 기록하고 직접 할 일, 맡길 일, 버릴 일, 미룰 일로 정리한다. 시간 관리 습관은 시간을 조종하는 힘을 키우는 것과 같다.

'할 것'과 '안 할 것'을 선명하게 한다

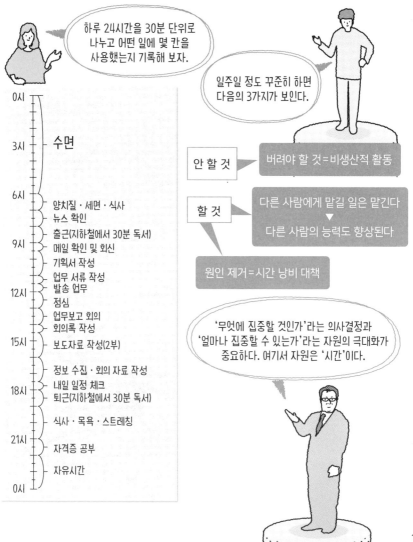

하루 24시간을 30분 단위로 나누고 어떤 일에 몇 칸을 사용했는지 기록해 보자.

일주일 정도 꾸준히 하면 다음의 3가지가 보인다.

안 할 것 → 버려야 할 것=비생산적 활동

할 것 → 다른 사람에게 맡길 일은 맡긴다 ▼ 다른 사람의 능력도 향상된다

원인 제거=시간 낭비 대책

'무엇에 집중할 것인가'라는 의사결정과 '얼마나 집중할 수 있는가'라는 자원의 극대화가 중요하다. 여기서 자원은 '시간'이다.

0시	
3시	수면
6시	양치질 · 세면 · 식사 뉴스 확인
9시	출근(지하철에서 30분 독서) 메일 확인 및 회신 기획서 작성 업무 서류 작성
12시	발송 업무 점심 업무보고 회의 회의록 작성
15시	보도자료 작성(2부)
18시	정보 수집 · 회의 자료 작성 내일 일정 체크 퇴근(지하철에서 30분 독서)
21시	식사 · 목욕 · 스트레칭 자격증 공부
0시	자유시간

10

주변 사람들에게
나의 꿈과 이상을 이야기한다

떠오른 이미지나 아이디어를 소재로 다른 사람과 대화를 나누다 보면,
머릿속에 맴돌던 정보를 논리적으로 정리할 수 있게 된다.

    주변 사람들을 협력자로 만들고 싶다면, 나의 꿈과 아이디어에 대해 적극적으로 이야기해 보자. 우리는 머릿속에 떠오른 정보를 '말'로 출력하고, 다시 내 귀로 들음으로써 그 의미를 재인식(재입력)한다. 그리고 자신이 출력한 정보와 재입력한 정보를 비교하며 '내가 진짜 전달하고 싶은 것이 무엇인가?', '어떻게 해야 제대로 전달될까?'를 분석한다. 그 후에 또 다른 사람들과 대화를 나눠보면 더욱 매끄럽게 핵심을 전달할 수 있게 된다.

대화를 나누다 보면 정보가 정리된다

11 실수했다면 진심으로 사과한다

인간은 실수를 거듭하며 성장해 간다. 그러나 실수로 인해 누군가에게 폐를 끼쳤다면 즉시 사과해야 한다.

살다 보면 누구나 실수하고 폐를 끼치기 마련이다. 실수는 결코 나쁜 것이 아니다. 실수에서 배우고 성장해 가면 된다. 다만 실수하거나 폐를 끼쳤을 때, 그 상대가 나보다 어리거나 아랫사람이더라도 정중하게 사과해야 한다. 절대로 얼버무리거나 거짓말을 해서는 안 된다. 만약 거짓말로 무마하면 그다음에도 얼버무리거나 거짓말하게 되고 결국 신용을 잃는다.

잘못을 깨끗이 인정하고 사과하는 것이 중요하다

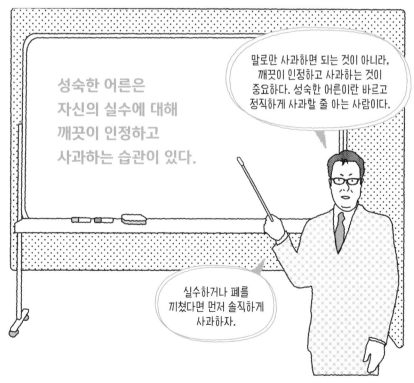

성숙한 어른은
자신의 실수에 대해
깨끗이 인정하고
사과하는 습관이 있다.

말로만 사과하면 되는 것이 아니라, 깨끗이 인정하고 사과하는 것이 중요하다. 성숙한 어른이란 바르고 정직하게 사과할 줄 아는 사람이다.

실수하거나 폐를 끼쳤다면 먼저 솔직하게 사과하자.

12 실행력과 변신술을 익힌다

일을 진행할 때, 명심해야 할 것은 철저한 준비가 아니라, 즉시 행동으로 옮기는 '실행력'이다.

인생에 있어서, 특히 일에 있어서 무엇보다 중요한 것은 생각보다 실행이다. 잘 되거나 안 되거나 혹은 실력이 있거나 없거나는 상관없다. 실력이 없으면 일단 실행하고 경험하면서 실력을 쌓아 가면 된다. 실력은 경험의 축적이다. 그러니 실행량을 늘리기만 하면 된다. 실행력 있는 사람만이 더 많은 경험치를 쌓을 수 있기 때문이다.

실행량이 많아지면 경험치가 쌓이고 실력이 된다

생각보다 실행을 우선하며, 일이 잘 풀리지 않을 때는 방법을 고민하고 다시 실행하면서 나만의 노하우를 축적한다. 이것이 진정한 '실력'이다. '실행력'을 키우려면, 되고 싶은 나를 연기하는 '변신술'이 유용하다. 실행에만 의의를 두는 것이 아니라, 되고 싶은 나로 변신하여 끝까지 해내는 것이다. 자신의 실력을 의심하고 미적거리면 성과도 어정쩡해지기 마련이다. '즉시 변신', '즉시 실행'을 의식적으로 실천해 보자.

**Final
Chapter**

F

마음을 다스리는
습관의 기술

이 책을 끝까지 읽은 후,
마음이 끌렸던 부분을 다시 읽고
즉시 실행해 보자.

드디어 인생을 바꾸는 여정의 마지막 장에 이르렀다.
책장을 덮기 전에 당부하자면, 읽는 것으로 끝내면 안 된다.
한두 가지라도 직접 실행하다 보면, 삶이 달라질 것이다.
마음을 다잡고 천천히, 착실하게 미래의 '되고 싶은 나'에게 다가가자.

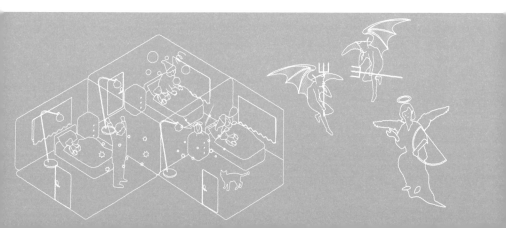

01 항상 감사하는 마음을 가진다

매사에 감사하는 마음을 가지면, 어떤 상황에서도 긍정적으로 살 수 있는 사고방식을 키울 수 있다.

성공한 사람은 감사의 표현을 아끼지 않는다. 도움이나 혜택을 받아서 감사해하는 것이 아니다. 매사에, 만나는 모든 사람에게 감사하는 마음을 가진다. 겸허한 마음으로 고마움을 잊지 않고 부단히 노력하는 사람에게는 반드시 기회가 찾아오기 마련이다. 이러한 사고와 태도를 만드는 데 있어 가장 중요한 말은 '고맙습니다'이다.

이나모리 가즈오가 말하는 '6가지 정진'

Chapter 07에서 소개한 경영인 이나모리 가즈오는 인생과 일에 중요한 실천 항목을 '6가지 정진'으로 정리했다. 그중 하나가 '감사'이다.

노력
Effort
누구에게도 지지 않도록 노력한다.

겸허
(Humbleness)
겸손하며 교만하지 않는다.

반성
(Reflection)
매일 반성한다.

감사
(Thankfulness)
살아있음에 감사한다.

선행
(Benevolence)
이타심과 선행을 축적한다.

감성
(Sensibility)
감성적인 고민을 하지 않는다.

행동에 옮기다 보면, 고난과 실패도 따르기 마련이다. 어려움이 닥쳤을 때, 억울해하거나 원망하지 말자. 내게 발생한 일은 환경이나 타인의 탓이 아니라, 모두 나 자신이 원인이다. 어차피 다른 사람의 도움 없이, 나 혼자만의 힘으로 큰 성공을 거머쥘 수는 없다. '감사합니다', '고맙습니다'라는 말은 내가 아무리 힘든 환경에 놓여도, 내게 어떠한 곤란한 상황이 닥쳐도 긍정적으로 이겨내는 힘이 되어 돌아온다.

▶살아있음에 감사한다

인간은 혼자서 살 수 없다. 공기, 물, 식량, 가족이나 동료, 나아가 사회 등 나를 둘러싼 모든 것에 의지하여 살고 있다.
그렇게 생각하면 자연스럽게 감사하는 마음이 생긴다.
불행을 겪고 건강하지 못하면 감사하는 마음을 가지기 어려울 수 있다.
그래도 살아있음에 감사하는 것이 중요하다.
감사하는 마음이 생기면 저절로 행복을 느낄 수 있다. 살아있음에 감사하고 행복함을 느끼면 삶을 풍요롭고 윤택하게 바꿀 수 있다.
불필요한 불평불만을 안고 살지 말고 지금 가진 것에 솔직하게 감사한다.
그 감사의 마음을 '고맙다'는 말과 미소로 주변 사람들에게 전하자.
그럼 자신뿐만 아니라 주변 사람들의 마음도 온화해지고,
행복한 기분이 깃들게 된다.

출처: 이나모리 가즈오 OFFICIAL SITE 〈6가지 정진〉 중 '감사' 편

주변 사람은 물론, 자기 자신에 대해서도 감사함을 느낄줄 아는 긍정의 힘을 키우면 마음이 안정되고 꾸준히 노력하는 끈기도 강해진다.

아무리 어려워도 그 상황 자체에 감사하고, 맞서고 있는 자신에게도 '고맙다'고 말하자. 감사한 마음으로 바라보면 '고달프다'보다 '고맙다'고 느끼게 된다.

02 평온한 마음은 부모님에 대한 감사와 존경에서 비롯된다

부모님께 감사하면 마음이 평온해진다. 그리고 마음이 안정되면 눈앞의 기회를 포착할 수 있게 된다.

거두절미하고 나의 뿌리는 부모이다. 사람마다 각자의 인생이 있고, 다양한 환경과 상황에서 부모 자식 관계를 맺는다. 물론 부모 자식 관계를 받아들이는 각자만의 방식이 있다. 그렇지만 희한하게도 부모님께 감사하는 마음을 항상 의식하다 보면 마음의 동요가 사라진다. 감사한 마음을 가짐으로써 내 마음이 평온해지는 것이다.

효도하면 마음의 동요가 사라진다

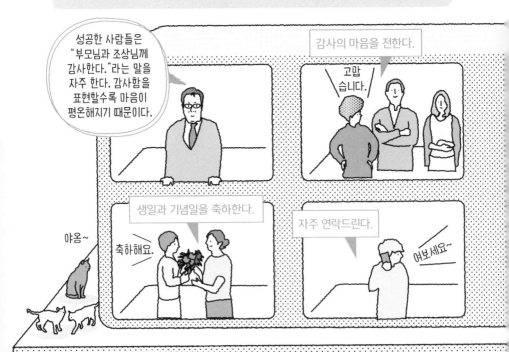

기회는 찾아오는 것이 아니라 스스로 찾아내는 것이다. 그런데 마음을 다스리지 못하고 쉽게 동요하면 기회를 포착할 수 없다. 마음이 평온해야 눈앞의 기회에 대해 신속한 결정을 내리고 재빨리 잡을 수 있기 때문이다. 원점으로 돌아가면, 부모님을 생각하고 감사하며, 존경하는 마음으로 효도 하는 것이 곧 기회를 잡는 계기도 되는 것이다.

▶누구나 바로 할 수 있는 효도

03 한계를 느꼈을 때, 진정한 승부가 시작된다

한계를 정하는 사람은 바로 나 자신이다.
한계에 다다른 것 같아도, 내가 아직 모르는 방법이 존재하기 마련이다.

살다 보면 한계에 부닥칠 때가 있다. 사실 그 한계를 정하고 있는 사람은 나 자신이다. '더 이상 안 되겠다'고 깨달은 순간부터 인생의 진짜 승부가 시작된다. 만약 지금 30세라면, 지난 30년간의 인생에서 터득한 방법만을 시도했을 뿐이라는 의미이다. 내가 아는 방법이 세상에 존재하는 방법의 전부는 아니다.

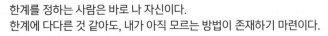

나의 성공을 믿고 계속 도전한다

나의 성공을 믿고 계속 도전할 것이다.

한계는 기존에 몰랐던 방법을 배우고 시험해 볼 수 있는 기회이다. 만약 아무리 해도 한계를 극복할 방법을 모르겠다면, 겸손하게 주변 사람들에게 물어보자. 지금까지 살아오면서 얻은 지식과 경험만으로 스스로 한계를 정하는 것은 큰 실수이다. 나의 성공을 믿고 도전해야 한다. 한계를 느꼈을 때야말로, 되고 싶은 나로 거듭날 수 있는 변화의 출발점이다.

주요 참고 문헌

· 《ナニワのメンター流 最強のビジネスマインドを獲得する習慣形成トレーニング》吉井雅之 저(イーハトーヴフロンティア)

· 《成功する社長が身につけている52の習慣》吉井雅之 저(同文館出版)

· 《習慣が10割》吉井雅之 저(すばる舎)

참고 사이트

https://simpletask.co.jp/nanimen/ (No.1習慣形成コンサルタント : ナニメンのブログ)

https://ameblo.jp/nanimen12/

人生を変える! 理想の自分になる! 超速! 習慣化メソッド見るだけノート
JINSEIWO KAERU! RISONO JIBUNNI NARU!
CHOSOKU! SHUKANKA METHOD MIRUDAKE NOTE
by MASASHI YOSHII

Copyright ⓒ 2021 by MASASHI YOSHII
Original Japanese edition published by Takarajimasha,Inc.
Korean translation rights arranged with Takarajimasha,Inc.
Through BC Agency,, Korea.
Korean translation rights ⓒ 2022 by GOOD WORLD (SOBO LAB)

일러스트로 바로 이해하는 실천 트레이닝!

꾸준히 하는 습관의 기술

초판 1쇄 발행 · 2022년 11월 30일

지은이 · 요시이 마사시
옮긴이 · 서희경
펴낸이 · 곽동현
디자인 · 정계수
펴낸곳 · 소보랩

출판등록 · 1998년 1월 20일 제2002-23호
주소 · 서울시 동작구 동작대로 1길 27 5층
전화번호 · (02)587-2966
팩스 · (02)587-2922
메일 · labsobo@gmail.com

ISBN 979-11-391-1085-2 14190
ISBN 979-11-391-0292-5 (세트)